Selbstliebe:
Lerne dich zu lieben

Das Tagebuch zum Ausfüllen und Ankreuzen
10 Minuten täglich auf
dem Weg der inneren Heilung.
Doreen Schmidt

Impressum

Veröffentlichung und Design: Doreen Schmidt

Alle Rechte vorbehalten.

Tag der Veröffentlichung:

Das Werk, einschliesslich seiner Teile, ist urheberrechtlich geschützt. Jede Verwertung ist ohne Zustimmung des Autors unzulässig. Dies gilt insbesondere für die elektronische oder sonstige Vervielfältigung, Uebersetzung, Verbreitung und öffentliche Zugänglichmachung.

Copyright by Doreen Schmidt
Mail: doreenschmidt439@gmail.com

Dieses Buch gehört:

_____

Herzlich willkommen zu Deinem Tagebuch der Selbstliebe

„Selbstliebe" ist in unserer heutigen Zeit ein grosses Thema. Mit dieser ist aber nicht Narzissmus oder Egoismus gemeint, sondern eher die Entwicklung eines gesunden Verhältnisses zu sich selbst. Unsere schnelle, moderne, mediale Welt trägt weniger dazu bei sich zu lieben, sondern verursacht eher einen wachsenden Druck von Aussen. Sei es nun im Beruf oder im Privaten, die Massstäbe werden immer höher gesetzt. Aus einer Veränderung der Werte und dem äusserlichen Druck ist die eigene Selbstliebe gefährdet, sie wird eher zerstört, als aufgebaut oder aufrechterhalten.

Dies kann fatale Folgen haben, denn eine gesunde Selbstliebe ist die Basis für die allgemeine seelische Gesundheit. Ein gesundes Mass an Selbstliebe, lässt uns wissen und umsetzen was dem eigenen Selbst gut tut. Es lässt uns eigene Fehler verzeihen, zeigt uns auf was glücklich macht und lehrt uns Dankbarkeit im Leben. Selbstliebe bedeutet letztlich auch, sich mit sich selbst anzufreunden und sich selbst, wie den besten Freund zu behandeln.

Diese stabile psychische Basis, welche aus der „Selbstliebe" resultiert, kann letztlich auch eine Depression, ein Burnout oder allgemeinen Stress vorbeugen, all die Zustände, die in unserer Gesellschaft immer mehr an der Tagesordnung sind.

Eine kleine Bedienungsanleitung
oder „Wie man dieses Buch benutzt"

Dieses Buch soll dir dabei helfen etwas mehr Selbstliebe zu entwickeln. Es ist in zwei Teile geteilt. Der erste Teil besteht aus einem Steckbrief, den du idealerweise zunächst ausfüllen solltest, da dir dieser beim zweiten Teil behilflich sein wird.

Der zweite Teil, beziehungsweise Hauptteil des Buches, besteht aus täglichen Fragen zum Ausfüllen und Ankreuzen. Diese Fragen werden dir helfen jeden Tag ein Stück „Selbstliebe" zu üben.

Sie helfen dir auch deine Gedanken und Gefühle zu reflektieren und können dir somit im Idealfall eine konstruktive Art von seelischer Sicherheit schenken. Anhand der Fragen und Antworten erhälst du für dich täglich genauere Auskunft über folgende Bereiche:

Schlafdauer und Qualität

Momentane Gefühlslage

Was man sich am Tag gutes tut

Worauf man stolz ist

Welche Fehler man gemacht hat

Wobei man Erfolg hatte

Was einen geärgert oder gefreut hat

Für was man dankbar ist

Wie viel Zeit ich für mich hatte

Ob ich momentan ein unlösbares Problem habe

In „Selbstliebe" übt man sich beim Ausfüllen des Tagebuches, indem man über diese Themen reflektiert und sich konstruktive Gedanken macht. „Selbstliebe" kann man lernen, man muss nur beginnen auf sich zu hören und sich die Zeit zu schenken, welche man im Leben dringend benötigt.

Wie dieses Buch entstanden ist

Mein Name ist Doreen und ich lebe mit meinem Mann und meinem Hund auf einem kleinen Bauernhof in Thüringen. Nach meinem Studium der Philosophie (MA) und Psychologie (BA) schloss sich einige Jahre später ein Grundstudium der freien Kunst an. Seit 2013 bin ich freischaffende Künstlerin und verkaufe vorrangig auf Onlineplattformen meine Malerei.

Die Entstehung des Tagebuches basiert auf meinen eigenen, langjährigen Erfahrungen. Ich bin psychisch krank und leide unter anderem an einer chronischen Depression. Der Begriff der „Selbstliebe" ist mir in meinen Therapien, den Gesprächen mit Patienten und der Literatur, die ich gelesen habe, immer wieder über den Weg gelaufen. So bin ich am Ende auf die Idee gekommen ein praktisches Buch der „Selbstliebe" zu entwickeln.

Ich hoffe, ich kann mit diesem Buch den Leser zu einer besseren Kenntnis über sich selbst helfen und ihn durch meine Fragen auf dem Weg zur gesunden „Selbstliebe" begleiten. Ich wünsche allen viel Spass beim Ausfüllen des Buches.

Dein persönlicher Steckbrief
– eine kleine „Bestandsaufnahme" –

Mit welchen Eigenschaften würde ich mich charakterisieren?

Diese Eigenschaften mag ich besonders an mir:

Diese Eigenschaften mag ich weniger an mir:

Welche Dinge tun mir gut?

Welche Dinge tun mir weniger gut?
_____
_____
_____
_____
_____
_____

Was sind meine Hobbies?
_____
_____
_____
_____

Auf was bin ich in meinem Leben stolz?
_____
_____
_____
_____

Auf was bin ich in meinem Leben weniger stolz?
_____
_____
_____
_____

Für was bin ich in meinem Leben dankbar?
_____
_____

_____
_____

Bin ich in meinem Beruf glücklich?
_____
_____
_____
_____
_____
_____

Bin ich mit meinem Partner glücklich und tut er mir gut?
_____
_____
_____
_____

Welche Wünsche habe ich, die sich bis jetzt noch nicht erfüllt haben?
_____
_____
_____
_____
_____

Welche Wünsche in meinem Leben haben sich schon erfüllt?
_____
_____
_____
_____
_____

Achte ich darauf auch ausreichend Zeit für mich im Leben zu haben?

_____
_____
_____
_____

Habe ich in meinem Leben einen gravierenden Fehler gemacht, der sich nicht mehr ändern lässt und mich grämt oder kann ich einfach akzeptieren das es ein Fehler war, der zu meinem Leben gehört?
_____
_____
_____
_____
_____
_____

Habe ich im Moment ein unlösbares Problem?
_____
_____
_____
_____

Ein neuer Tag beginnt........

Datum _____   Heute aufgestanden um _____Uhr
Wochentag _____   Schlafdauer insgesamt _____h

So habe ich geschlafen: gut oder   schlecht, weil ich
_____

So fühle ich mich im Moment:

Energie ___ / 10   Anspannung   ___ / 10   Grübelei   ___ / 10
Freude ___ / 10   Traurigkeit ___ / 10   Angst   ___ / 10
Antrieb ___ / 10   Verzweiflung ___ / 10   Schmerzen   ___ / 10

Ich bin stolz auf mich, weil
_____
_____
_____
_____

Das werde ich mir heute Gutes tun:
_____
_____
_____
_____
_____

Ich bin dankbar für:
_____
_____
_____
_____

Welche drei Gefühle herrschen im Moment in mir vor:

1. _____ 2. _____ 3. _____

Warum fühle ich im Moment verstärkt:
Gefühl Nummer 1
_____
_____
_____

Gefühl Nummer 2
_____
_____
_____

Gefühl Nummer 3
_____
_____
_____

Habe ich im Moment ein unlösbares Problem?
_____
_____
_____
_____

Raum für Gedanken und Notizen
_____
_____
_____
_____
_____
_____
_____

Es ist Abend, der Tag neigt sich dem Ende zu....

Wann ging es mir heute besonders gut und warum?
_____
_____
_____

Wann ging es mir heute besonders schlecht und warum?
_____
_____
_____

Darüber habe ich mich heute gefreut:
_____
_____
_____

Darüber habe ich mich heute geärgert:
_____
_____
_____
_____

Das habe ich heute gut und richtig gemacht:
_____
_____

Das ist mir heute nicht so gut gelungen, hier habe ich einen Fehler gemacht oder war ich nicht so erfolgreich:
_____
_____
_____
_____

Wie viel Zeit habe ich heute für mich selbst gehabt und mit was habe ich diese verbracht?
_____
_____
_____

Habe ich im Moment ein scheinbar unlösbares Problem? Und wenn ja, lässt sich dieses durch eine Pro und Kontra Liste (im Anhang zu finden) lösen?
_____
_____
_____

Dafür war ich heute dankbar:
_____
_____
_____

Freue ich mich morgen auf etwas Bestimmtes?   ja/nein
Wenn ja, dann auf was? _____
_____
_____

Werde ich morgen etwas anders machen als heute?   ja/nein
Wenn ja, dann was? _____
_____
_____

Das hat mich heute gedanklich am meisten beschäftigt:
_____
_____
_____
_____
_____
_____

...und diese Gedanken lasse ich jetzt an mir vorbeiziehen, weil ich auch morgen noch darüber nachdenken kann. Ich wünsche mir eine Gute Nacht und freue mich auf den nächsten Tag!

Ein neuer Tag beginnt………

Datum _____   Heute aufgestanden um _____Uhr
Wochentag _____   Schlafdauer insgesamt _____h

So habe ich geschlafen: gut oder   schlecht, weil ich
_____

So fühle ich mich im Moment:

Energie ___ / 10	Anspannung ___ / 10	Grübelei ___ / 10
Freude ___ / 10	Traurigkeit ___ / 10	Angst ___ / 10
Antrieb ___ / 10	Verzweiflung ___ / 10	Schmerzen ___ / 10

Ich bin stolz auf mich, weil

_____
_____
_____
_____

Das werde ich mir heute Gutes tun:

_____
_____
_____
_____
_____

Ich bin dankbar für:

_____
_____
_____
_____

Welche drei Gefühle herrschen im Moment in mir vor:

1. _____ 2. _____ 3. _____

Warum fühle ich im Moment verstärkt:
Gefühl Nummer 1
_____
_____
_____

Gefühl Nummer 2
_____
_____
_____

Gefühl Nummer 3
_____
_____
_____

Habe ich im Moment ein unlösbares Problem?
_____
_____
_____
_____

Raum für Gedanken und Notizen
_____
_____
_____
_____
_____
_____
_____

Es ist Abend, der Tag neigt sich dem Ende zu....

Wann ging es mir heute besonders gut und warum?
_____
_____
_____

Wann ging es mir heute besonders schlecht und warum?
_____
_____
_____

Darüber habe ich mich heute gefreut:
_____
_____
_____

Darüber habe ich mich heute geärgert:
_____
_____
_____
_____

Das habe ich heute gut und richtig gemacht:
_____
_____
_____

Das ist mir heute nicht so gut gelungen, hier habe ich einen Fehler gemacht oder war ich nicht so erfolgreich:
_____
_____
_____
_____
_____

Wie viel Zeit habe ich heute für mich selbst gehabt und mit was habe ich diese verbracht?
_____
_____
_____

Habe ich im Moment ein scheinbar unlösbares Problem? Und wenn ja, lässt sich dieses durch eine Pro und Kontra Liste (im Anhang zu finden) lösen?
_____
_____
_____

Dafür war ich heute dankbar:
_____
_____
_____

Freue ich mich morgen auf etwas Bestimmtes?   ja/nein
Wenn ja, dann auf was? _____
_____
_____

Werde ich morgen etwas anders machen als heute?   ja/nein
Wenn ja, dann was? _____
_____

Das hat mich heute gedanklich am meisten beschäftigt:
_____
_____
_____
_____
_____
_____

...und diese Gedanken lasse ich jetzt an mir vorbeiziehen, weil ich auch morgen noch darüber nachdenken kann. Ich wünsche mir eine Gute Nacht und freue mich auf den nächsten Tag!

Ein neuer Tag beginnt........

Datum _____   Heute aufgestanden um _____ Uhr
Wochentag _____   Schlafdauer insgesamt _____ h

So habe ich geschlafen: gut oder   schlecht, weil ich
_____

So fühle ich mich im Moment:

Energie ___ / 10   Anspannung   ___ / 10   Grübelei   ___ / 10
Freude ___ / 10   Traurigkeit ___ / 10   Angst   ___ / 10
Antrieb ___ / 10   Verzweiflung ___ / 10   Schmerzen ___ / 10

Ich bin stolz auf mich, weil
_____
_____
_____
_____

Das werde ich mir heute Gutes tun:
_____
_____
_____
_____

Ich bin dankbar für:
_____
_____
_____
_____

Welche drei Gefühle herrschen im Moment in mir vor:

1. _____ 2. _____ 3. _____

Warum fühle ich im Moment verstärkt:
Gefühl Nummer 1
_____
_____
_____

Gefühl Nummer 2
_____
_____
_____

Gefühl Nummer 3
_____
_____
_____

Habe ich im Moment ein unlösbares Problem?
_____
_____
_____
_____

Raum für Gedanken und Notizen
_____
_____
_____
_____
_____
_____
_____

Es ist Abend, der Tag neigt sich dem Ende zu....

Wann ging es mir heute besonders gut und warum?
_____
_____
_____

Wann ging es mir heute besonders schlecht und warum?
_____
_____
_____

Darüber habe ich mich heute gefreut:
_____
_____
_____

Darüber habe ich mich heute geärgert:
_____
_____
_____
_____

Das habe ich heute gut und richtig gemacht:
_____
_____
_____

Das ist mir heute nicht so gut gelungen, hier habe ich einen Fehler gemacht oder war ich nicht so erfolgreich:
_____
_____
_____
_____

Wie viel Zeit habe ich heute für mich selbst gehabt und mit was habe ich diese verbracht?
_____
_____
_____

Habe ich im Moment ein scheinbar unlösbares Problem? Und wenn ja, lässt sich dieses durch eine Pro und Kontra Liste (im Anhang zu finden) lösen?
_____
_____
_____

Dafür war ich heute dankbar:
_____
_____
_____

Freue ich mich morgen auf etwas Bestimmtes?   ja/nein
Wenn ja, dann auf was? _____
_____
_____

Werde ich morgen etwas anders machen als heute?   ja/nein
Wenn ja, dann was? _____
_____
_____

Das hat mich heute gedanklich am meisten beschäftigt:
_____
_____
_____
_____
_____
_____

...und diese Gedanken lasse ich jetzt an mir vorbeiziehen, weil ich auch morgen noch darüber nachdenken kann. Ich wünsche mir eine Gute Nacht und freue mich auf den nächsten Tag!

Ein neuer Tag beginnt........

Datum _____   Heute aufgestanden um _____Uhr
Wochentag _____   Schlafdauer insgesamt _____h

So habe ich geschlafen: gut oder   schlecht, weil ich
_____

So fühle ich mich im Moment:

Energie ___ / 10   Anspannung   ___ / 10   Grübelei   ___ / 10
Freude ___ / 10   Traurigkeit   ___ / 10   Angst   ___ / 10
Antrieb ___ / 10   Verzweiflung ___ / 10   Schmerzen   ___ / 10

Ich bin stolz auf mich, weil
_____
_____
_____
_____

Das werde ich mir heute Gutes tun:
_____
_____
_____
_____
_____

Ich bin dankbar für:
_____
_____
_____
_____

Welche drei Gefühle herrschen im Moment in mir vor:

1. _____ 2. _____ 3. _____

Warum fühle ich im Moment verstärkt:
Gefühl Nummer 1
_____
_____
_____

Gefühl Nummer 2
_____
_____
_____

Gefühl Nummer 3
_____
_____
_____

Habe ich im Moment ein unlösbares Problem?
_____
_____
_____
_____

Raum für Gedanken und Notizen
_____
_____
_____
_____
_____
_____
_____

Es ist Abend, der Tag neigt sich dem Ende zu....

Wann ging es mir heute besonders gut und warum?
_____
_____
_____

Wann ging es mir heute besonders schlecht und warum?
_____
_____
_____

Darüber habe ich mich heute gefreut:
_____
_____
_____

Darüber habe ich mich heute geärgert:
_____
_____
_____
_____

Das habe ich heute gut und richtig gemacht:
_____
_____

Das ist mir heute nicht so gut gelungen, hier habe ich einen Fehler gemacht oder war ich nicht so erfolgreich:
_____
_____
_____
_____

Wie viel Zeit habe ich heute für mich selbst gehabt und mit was habe ich diese verbracht?
_____
_____
_____

Habe ich im Moment ein scheinbar unlösbares Problem? Und wenn ja, lässt sich dieses durch eine Pro und Kontra Liste (im Anhang zu finden) lösen?
_____
_____
_____

Dafür war ich heute dankbar:
_____
_____
_____

Freue ich mich morgen auf etwas Bestimmtes?   ja/nein
Wenn ja, dann auf was? _____
_____
_____

Werde ich morgen etwas anders machen als heute?   ja/nein
Wenn ja, dann was? _____
_____
_____

Das hat mich heute gedanklich am meisten beschäftigt:
_____
_____
_____
_____
_____
_____

...und diese Gedanken lasse ich jetzt an mir vorbeiziehen, weil ich auch morgen noch darüber nachdenken kann. Ich wünsche mir eine Gute Nacht und freue mich auf den nächsten Tag!

Ein neuer Tag beginnt........

Datum _____ Heute aufgestanden um _____Uhr
Wochentag _____ Schlafdauer insgesamt _____h

So habe ich geschlafen: gut oder   schlecht, weil ich
_____

So fühle ich mich im Moment:

Energie ___ / 10	Anspannung ___ / 10	Grübelei ___ / 10
Freude ___ / 10	Traurigkeit ___ / 10	Angst ___ / 10
Antrieb ___ / 10	Verzweiflung ___ / 10	Schmerzen ___ / 10

Ich bin stolz auf mich, weil
_____
_____
_____
_____

Das werde ich mir heute Gutes tun:
_____
_____
_____
_____
_____

Ich bin dankbar für:
_____
_____
_____
_____

Welche drei Gefühle herrschen im Moment in mir vor:

1. _____ 2. _____ 3. _____

Warum fühle ich im Moment verstärkt:
Gefühl Nummer 1
_____
_____
_____

Gefühl Nummer 2
_____
_____
_____

Gefühl Nummer 3
_____
_____
_____

Habe ich im Moment ein unlösbares Problem?
_____
_____
_____
_____

Raum für Gedanken und Notizen
_____
_____
_____
_____
_____
_____
_____

Es ist Abend, der Tag neigt sich dem Ende zu....

Wann ging es mir heute besonders gut und warum?
_____
_____
_____

Wann ging es mir heute besonders schlecht und warum?
_____
_____
_____

Darüber habe ich mich heute gefreut:
_____
_____
_____

Darüber habe ich mich heute geärgert:
_____
_____
_____
_____

Das habe ich heute gut und richtig gemacht:
_____
_____

Das ist mir heute nicht so gut gelungen, hier habe ich einen Fehler gemacht oder war ich nicht so erfolgreich:
_____
_____
_____
_____

Wie viel Zeit habe ich heute für mich selbst gehabt und mit was habe ich diese verbracht?
_____
_____
_____

Habe ich im Moment ein scheinbar unlösbares Problem? Und wenn ja, lässt sich dieses durch eine Pro und Kontra Liste (im Anhang zu finden) lösen?
_____
_____
_____

Dafür war ich heute dankbar:
_____
_____
_____

Freue ich mich morgen auf etwas Bestimmtes?   ja/nein
Wenn ja, dann auf was? _____
_____
_____

Werde ich morgen etwas anders machen als heute?   ja/nein
Wenn ja, dann was? _____
_____
_____

Das hat mich heute gedanklich am meisten beschäftigt:
_____
_____
_____
_____
_____
_____

...und diese Gedanken lasse ich jetzt an mir vorbeiziehen, weil ich auch morgen noch darüber nachdenken kann. Ich wünsche mir eine Gute Nacht und freue mich auf den nächsten Tag!

Ein neuer Tag beginnt........

Datum _____   Heute aufgestanden um _____Uhr
Wochentag _____   Schlafdauer insgesamt _____h

So habe ich geschlafen: gut oder   schlecht, weil ich
_____

So fühle ich mich im Moment:

Energie ___ / 10   Anspannung   ___ / 10   Grübelei   ___ / 10
Freude ___ / 10   Traurigkeit   ___ / 10   Angst   ___ / 10
Antrieb ___ / 10   Verzweiflung ___ / 10   Schmerzen   ___ / 10

Ich bin stolz auf mich, weil
_____
_____
_____
_____

Das werde ich mir heute Gutes tun:
_____
_____
_____
_____
_____

Ich bin dankbar für:
_____
_____
_____
_____

Welche drei Gefühle herrschen im Moment in mir vor:

1. _____ 2. _____ 3. _____

Warum fühle ich im Moment verstärkt:
Gefühl Nummer 1
_____
_____
_____

Gefühl Nummer 2
_____
_____
_____

Gefühl Nummer 3
_____
_____
_____

Habe ich im Moment ein unlösbares Problem?
_____
_____
_____
_____

Raum für Gedanken und Notizen
_____
_____
_____
_____
_____
_____
_____

Es ist Abend, der Tag neigt sich dem Ende zu....

Wann ging es mir heute besonders gut und warum?
_____
_____
_____

Wann ging es mir heute besonders schlecht und warum?
_____
_____
_____

Darüber habe ich mich heute gefreut:
_____
_____
_____

Darüber habe ich mich heute geärgert:
_____
_____
_____
_____

Das habe ich heute gut und richtig gemacht:
_____
_____

Das ist mir heute nicht so gut gelungen, hier habe ich einen Fehler gemacht oder war ich nicht so erfolgreich:
_____
_____
_____
_____

Wie viel Zeit habe ich heute für mich selbst gehabt und mit was habe ich diese verbracht?
_____
_____
_____

Habe ich im Moment ein scheinbar unlösbares Problem? Und wenn ja, lässt sich dieses durch eine Pro und Kontra Liste (im Anhang zu finden) lösen?
_____
_____
_____

Dafür war ich heute dankbar:
_____
_____
_____

Freue ich mich morgen auf etwas Bestimmtes?   ja/nein
Wenn ja, dann auf was? _____
_____
_____

Werde ich morgen etwas anders machen als heute?   ja/nein
Wenn ja, dann was? _____
_____
_____

Das hat mich heute gedanklich am meisten beschäftigt:
_____
_____
_____
_____
_____
_____

…und diese Gedanken lasse ich jetzt an mir vorbeiziehen, weil ich auch morgen noch darüber nachdenken kann. Ich wünsche mir eine Gute Nacht und freue mich auf den nächsten Tag!

Ein neuer Tag beginnt………

Datum _____   Heute aufgestanden um _____Uhr
Wochentag _____   Schlafdauer insgesamt _____h

So habe ich geschlafen: gut oder   schlecht, weil ich
_____

So fühle ich mich im Moment:

Energie ___ / 10   Anspannung   ___ / 10   Grübelei   ___ / 10
Freude ___ / 10   Traurigkeit ___ / 10   Angst   ___ / 10
Antrieb ___ / 10   Verzweiflung ___ / 10   Schmerzen ___ / 10

Ich bin stolz auf mich, weil
_____
_____
_____
_____

Das werde ich mir heute Gutes tun:
_____
_____
_____
_____
_____

Ich bin dankbar für:
_____
_____
_____
_____

Welche drei Gefühle herrschen im Moment in mir vor:

1. _____ 2. _____ 3. _____

Warum fühle ich im Moment verstärkt:
Gefühl Nummer 1
_____
_____
_____

Gefühl Nummer 2
_____
_____
_____

Gefühl Nummer 3
_____
_____
_____

Habe ich im Moment ein unlösbares Problem?
_____
_____
_____
_____

Raum für Gedanken und Notizen
_____
_____
_____
_____
_____
_____
_____

Es ist Abend, der Tag neigt sich dem Ende zu....

Wann ging es mir heute besonders gut und warum?
_____
_____
_____

Wann ging es mir heute besonders schlecht und warum?
_____
_____
_____

Darüber habe ich mich heute gefreut:
_____
_____
_____

Darüber habe ich mich heute geärgert:
_____
_____
_____
_____

Das habe ich heute gut und richtig gemacht:
_____
_____

Das ist mir heute nicht so gut gelungen, hier habe ich einen Fehler gemacht oder war ich nicht so erfolgreich:
_____
_____
_____
_____

Wie viel Zeit habe ich heute für mich selbst gehabt und mit was habe ich diese verbracht?
_____
_____
_____

Habe ich im Moment ein scheinbar unlösbares Problem? Und wenn ja, lässt sich dieses durch eine Pro und Kontra Liste (im Anhang zu finden) lösen?
_____
_____
_____

Dafür war ich heute dankbar:
_____
_____
_____

Freue ich mich morgen auf etwas Bestimmtes?　　　ja/nein
Wenn ja, dann auf was? _____
_____
_____

Werde ich morgen etwas anders machen als heute?　　　ja/nein
Wenn ja, dann was? _____
_____
_____

Das hat mich heute gedanklich am meisten beschäftigt:
_____
_____
_____
_____
_____
_____

...und diese Gedanken lasse ich jetzt an mir vorbeiziehen, weil ich auch morgen noch darüber nachdenken kann. Ich wünsche mir eine Gute Nacht und freue mich auf den nächsten Tag!

Ein neuer Tag beginnt........

Datum _____   Heute aufgestanden um _____ Uhr
Wochentag _____   Schlafdauer insgesamt _____ h

So habe ich geschlafen: gut oder   schlecht, weil ich
_____

So fühle ich mich im Moment:

Energie ___ / 10	Anspannung ___ / 10	Grübelei ___ / 10
Freude ___ / 10	Traurigkeit ___ / 10	Angst ___ / 10
Antrieb ___ / 10	Verzweiflung ___ / 10	Schmerzen ___ / 10

Ich bin stolz auf mich, weil

_____
_____
_____
_____

Das werde ich mir heute Gutes tun:

_____
_____
_____
_____
_____

Ich bin dankbar für:

_____
_____
_____
_____

Welche drei Gefühle herrschen im Moment in mir vor:

1. _____ 2. _____ 3. _____

Warum fühle ich im Moment verstärkt:
Gefühl Nummer 1
_____
_____
_____

Gefühl Nummer 2
_____
_____
_____

Gefühl Nummer 3
_____
_____
_____

Habe ich im Moment ein unlösbares Problem?
_____
_____
_____
_____

Raum für Gedanken und Notizen
_____
_____
_____
_____
_____
_____
_____

Es ist Abend, der Tag neigt sich dem Ende zu....

Wann ging es mir heute besonders gut und warum?
_____
_____
_____

Wann ging es mir heute besonders schlecht und warum?
_____
_____
_____

Darüber habe ich mich heute gefreut:
_____
_____
_____

Darüber habe ich mich heute geärgert:
_____
_____
_____
_____

Das habe ich heute gut und richtig gemacht:
_____
_____

Das ist mir heute nicht so gut gelungen, hier habe ich einen Fehler gemacht oder war ich nicht so erfolgreich:
_____
_____
_____
_____

Wie viel Zeit habe ich heute für mich selbst gehabt und mit was habe ich diese verbracht?
_____
_____
_____

Habe ich im Moment ein scheinbar unlösbares Problem? Und wenn ja, lässt sich dieses durch eine Pro und Kontra Liste (im Anhang zu finden) lösen?
_____
_____
_____

Dafür war ich heute dankbar:
_____
_____
_____

Freue ich mich morgen auf etwas Bestimmtes?   ja/nein
Wenn ja, dann auf was? _____
_____
_____

Werde ich morgen etwas anders machen als heute?   ja/nein
Wenn ja, dann was? _____
_____
_____

Das hat mich heute gedanklich am meisten beschäftigt:
_____
_____
_____
_____
_____
_____

...und diese Gedanken lasse ich jetzt an mir vorbeiziehen, weil ich auch morgen noch darüber nachdenken kann. Ich wünsche mir eine Gute Nacht und freue mich auf den nächsten Tag!

Ein neuer Tag beginnt........

Datum _____   Heute aufgestanden um _____Uhr
Wochentag _____   Schlafdauer insgesamt _____h

So habe ich geschlafen: gut oder   schlecht, weil ich
_____

So fühle ich mich im Moment:

Energie ___ / 10   Anspannung   ___ / 10   Grübelei   ___ / 10
Freude ___ / 10   Traurigkeit   ___ / 10   Angst   ___ / 10
Antrieb ___ / 10   Verzweiflung ___ / 10   Schmerzen   ___ / 10

Ich bin stolz auf mich, weil
_____
_____
_____
_____

Das werde ich mir heute Gutes tun:
_____
_____
_____
_____
_____

Ich bin dankbar für:
_____
_____
_____
_____

Welche drei Gefühle herrschen im Moment in mir vor:

1. _____ 2. _____ 3. _____

Warum fühle ich im Moment verstärkt:
Gefühl Nummer 1
_____
_____
_____

Gefühl Nummer 2
_____
_____
_____

Gefühl Nummer 3
_____
_____
_____

Habe ich im Moment ein unlösbares Problem?
_____
_____
_____
_____

Raum für Gedanken und Notizen
_____
_____
_____
_____
_____
_____
_____

Es ist Abend, der Tag neigt sich dem Ende zu....

Wann ging es mir heute besonders gut und warum?
_____
_____
_____

Wann ging es mir heute besonders schlecht und warum?
_____
_____
_____

Darüber habe ich mich heute gefreut:
_____
_____
_____

Darüber habe ich mich heute geärgert:
_____
_____
_____
_____

Das habe ich heute gut und richtig gemacht:
_____
_____
_____

Das ist mir heute nicht so gut gelungen, hier habe ich einen Fehler gemacht oder war ich nicht so erfolgreich:
_____
_____
_____
_____
_____

Wie viel Zeit habe ich heute für mich selbst gehabt und mit was habe ich diese verbracht?
_____
_____
_____

Habe ich im Moment ein scheinbar unlösbares Problem? Und wenn ja, lässt sich dieses durch eine Pro und Kontra Liste (im Anhang zu finden) lösen?
_____
_____
_____

Dafür war ich heute dankbar:
_____
_____
_____

Freue ich mich morgen auf etwas Bestimmtes?   ja/nein
Wenn ja, dann auf was? _____
_____
_____

Werde ich morgen etwas anders machen als heute?   ja/nein
Wenn ja, dann was? _____
_____

Das hat mich heute gedanklich am meisten beschäftigt:
_____
_____
_____
_____
_____
_____

...und diese Gedanken lasse ich jetzt an mir vorbeiziehen, weil ich auch morgen noch darüber nachdenken kann. Ich wünsche mir eine Gute Nacht und freue mich auf den nächsten Tag!

Ein neuer Tag beginnt........

Datum _____   Heute aufgestanden um _____Uhr
Wochentag _____   Schlafdauer insgesamt _____h

So habe ich geschlafen: gut oder   schlecht, weil ich
_____

So fühle ich mich im Moment:

Energie ___ / 10   Anspannung   ___ / 10   Grübelei   ___ / 10
Freude ___ / 10   Traurigkeit ___ / 10   Angst   ___ / 10
Antrieb ___ / 10   Verzweiflung ___ / 10   Schmerzen   ___ / 10

Ich bin stolz auf mich, weil
_____
_____
_____
_____

Das werde ich mir heute Gutes tun:
_____
_____
_____
_____

Ich bin dankbar für:
_____
_____
_____
_____

Welche drei Gefühle herrschen im Moment in mir vor:

1. _____ 2. _____ 3. _____

Warum fühle ich im Moment verstärkt:
Gefühl Nummer 1
_____
_____
_____

Gefühl Nummer 2
_____
_____
_____

Gefühl Nummer 3
_____
_____
_____

Habe ich im Moment ein unlösbares Problem?
_____
_____
_____
_____

Raum für Gedanken und Notizen
_____
_____
_____
_____
_____
_____
_____

Es ist Abend, der Tag neigt sich dem Ende zu....

Wann ging es mir heute besonders gut und warum?
_____
_____
_____

Wann ging es mir heute besonders schlecht und warum?
_____
_____
_____

Darüber habe ich mich heute gefreut:
_____
_____
_____

Darüber habe ich mich heute geärgert:
_____
_____
_____
_____

Das habe ich heute gut und richtig gemacht:
_____
_____
_____

Das ist mir heute nicht so gut gelungen, hier habe ich einen Fehler gemacht oder war ich nicht so erfolgreich:
_____
_____
_____
_____

Wie viel Zeit habe ich heute für mich selbst gehabt und mit was habe ich diese verbracht?

_____
_____
_____

Habe ich im Moment ein scheinbar unlösbares Problem? Und wenn ja, lässt sich dieses durch eine Pro und Kontra Liste (im Anhang zu finden) lösen?

_____
_____
_____

Dafür war ich heute dankbar:
_____
_____
_____

Freue ich mich morgen auf etwas Bestimmtes?   ja/nein
Wenn ja, dann auf was? _____
_____
_____

Werde ich morgen etwas anders machen als heute?   ja/nein
Wenn ja, dann was? _____
_____
_____

Das hat mich heute gedanklich am meisten beschäftigt:
_____
_____
_____
_____
_____
_____

...und diese Gedanken lasse ich jetzt an mir vorbeiziehen, weil ich auch morgen noch darüber nachdenken kann. Ich wünsche mir eine Gute Nacht und freue mich auf den nächsten Tag!

Ein neuer Tag beginnt........

Datum _____ Heute aufgestanden um _____ Uhr
Wochentag _____ Schlafdauer insgesamt _____ h

So habe ich geschlafen: gut oder   schlecht, weil ich
_____

So fühle ich mich im Moment:

Energie ___ / 10	Anspannung ___ / 10	Grübelei ___ / 10
Freude ___ / 10	Traurigkeit ___ / 10	Angst ___ / 10
Antrieb ___ / 10	Verzweiflung ___ / 10	Schmerzen ___ / 10

Ich bin stolz auf mich, weil

_____
_____
_____
_____

Das werde ich mir heute Gutes tun:

_____
_____
_____
_____
_____

Ich bin dankbar für:

_____
_____
_____
_____

Welche drei Gefühle herrschen im Moment in mir vor:

1. _____ 2. _____ 3. _____

Warum fühle ich im Moment verstärkt:
Gefühl Nummer 1
_____
_____
_____

Gefühl Nummer 2
_____
_____
_____

Gefühl Nummer 3
_____
_____
_____

Habe ich im Moment ein unlösbares Problem?
_____
_____
_____
_____

Raum für Gedanken und Notizen
_____
_____
_____
_____
_____
_____
_____

Es ist Abend, der Tag neigt sich dem Ende zu....

Wann ging es mir heute besonders gut und warum?
_____
_____
_____

Wann ging es mir heute besonders schlecht und warum?
_____
_____
_____

Darüber habe ich mich heute gefreut:
_____
_____
_____

Darüber habe ich mich heute geärgert:
_____
_____
_____
_____

Das habe ich heute gut und richtig gemacht:
_____
_____
_____

Das ist mir heute nicht so gut gelungen, hier habe ich einen Fehler gemacht oder war ich nicht so erfolgreich:
_____
_____
_____
_____

Wie viel Zeit habe ich heute für mich selbst gehabt und mit was habe ich diese verbracht?
_____
_____
_____

Habe ich im Moment ein scheinbar unlösbares Problem? Und wenn ja, lässt sich dieses durch eine Pro und Kontra Liste (im Anhang zu finden) lösen?
_____
_____
_____

Dafür war ich heute dankbar:
_____
_____
_____

Freue ich mich morgen auf etwas Bestimmtes?   ja/nein
Wenn ja, dann auf was? _____
_____
_____

Werde ich morgen etwas anders machen als heute?   ja/nein
Wenn ja, dann was? _____
_____
_____

Das hat mich heute gedanklich am meisten beschäftigt:
_____
_____
_____
_____
_____
_____

...und diese Gedanken lasse ich jetzt an mir vorbeiziehen, weil ich auch morgen noch darüber nachdenken kann. Ich wünsche mir eine Gute Nacht und freue mich auf den nächsten Tag!

Ein neuer Tag beginnt........

Datum _____   Heute aufgestanden um _____Uhr
Wochentag _____   Schlafdauer insgesamt _____h

So habe ich geschlafen: gut oder   schlecht, weil ich
_____

So fühle ich mich im Moment:

Energie ___ / 10	Anspannung ___ / 10	Grübelei ___ / 10
Freude ___ / 10	Traurigkeit ___ / 10	Angst ___ / 10
Antrieb ___ / 10	Verzweiflung ___ / 10	Schmerzen ___ / 10

Ich bin stolz auf mich, weil
_____
_____
_____
_____

Das werde ich mir heute Gutes tun:
_____
_____
_____
_____
_____

Ich bin dankbar für:
_____
_____
_____
_____

Welche drei Gefühle herrschen im Moment in mir vor:

1. _____ 2. _____ 3. _____

Warum fühle ich im Moment verstärkt:
Gefühl Nummer 1
_____
_____
_____

Gefühl Nummer 2
_____
_____
_____

Gefühl Nummer 3
_____
_____
_____

Habe ich im Moment ein unlösbares Problem?
_____
_____
_____
_____

Raum für Gedanken und Notizen
_____
_____
_____
_____
_____
_____
_____

Es ist Abend, der Tag neigt sich dem Ende zu....

Wann ging es mir heute besonders gut und warum?
_____
_____
_____

Wann ging es mir heute besonders schlecht und warum?
_____
_____
_____

Darüber habe ich mich heute gefreut:
_____
_____
_____

Darüber habe ich mich heute geärgert:
_____
_____
_____
_____

Das habe ich heute gut und richtig gemacht:
_____
_____
_____

Das ist mir heute nicht so gut gelungen, hier habe ich einen Fehler gemacht oder war ich nicht so erfolgreich:
_____
_____
_____
_____
_____

Wie viel Zeit habe ich heute für mich selbst gehabt und mit was habe ich diese verbracht?
_____
_____
_____

Habe ich im Moment ein scheinbar unlösbares Problem? Und wenn ja, lässt sich dieses durch eine Pro und Kontra Liste (im Anhang zu finden) lösen?
_____
_____
_____

Dafür war ich heute dankbar:
_____
_____
_____

Freue ich mich morgen auf etwas Bestimmtes?   ja/nein
Wenn ja, dann auf was? _____
_____
_____

Werde ich morgen etwas anders machen als heute?   ja/nein
Wenn ja, dann was? _____
_____
_____

Das hat mich heute gedanklich am meisten beschäftigt:
_____
_____
_____
_____
_____
_____

...und diese Gedanken lasse ich jetzt an mir vorbeiziehen, weil ich auch morgen noch darüber nachdenken kann. Ich wünsche mir eine Gute Nacht und freue mich auf den nächsten Tag!

Ein neuer Tag beginnt........

Datum _____   Heute aufgestanden um _____Uhr
Wochentag _____   Schlafdauer insgesamt _____h

So habe ich geschlafen: gut oder   schlecht, weil ich
_____

So fühle ich mich im Moment:

Energie ___ / 10	Anspannung ___ / 10	Grübelei ___ / 10
Freude ___ / 10	Traurigkeit ___ / 10	Angst ___ / 10
Antrieb ___ / 10	Verzweiflung ___ / 10	Schmerzen ___ / 10

Ich bin stolz auf mich, weil
_____
_____
_____
_____

Das werde ich mir heute Gutes tun:
_____
_____
_____
_____
_____

Ich bin dankbar für:
_____
_____
_____
_____

Welche drei Gefühle herrschen im Moment in mir vor:

1. _____ 2. _____ 3. _____

Warum fühle ich im Moment verstärkt:
Gefühl Nummer 1
_____
_____
_____

Gefühl Nummer 2
_____
_____
_____

Gefühl Nummer 3
_____
_____
_____

Habe ich im Moment ein unlösbares Problem?
_____
_____
_____
_____

Raum für Gedanken und Notizen
_____
_____
_____
_____
_____
_____
_____

Es ist Abend, der Tag neigt sich dem Ende zu....

Wann ging es mir heute besonders gut und warum?
_____
_____
_____

Wann ging es mir heute besonders schlecht und warum?
_____
_____
_____

Darüber habe ich mich heute gefreut:
_____
_____
_____

Darüber habe ich mich heute geärgert:
_____
_____
_____
_____

Das habe ich heute gut und richtig gemacht:
_____
_____
_____

Das ist mir heute nicht so gut gelungen, hier habe ich einen Fehler gemacht oder war ich nicht so erfolgreich:
_____
_____
_____
_____

Wie viel Zeit habe ich heute für mich selbst gehabt und mit was habe ich diese verbracht?
_____
_____
_____

Habe ich im Moment ein scheinbar unlösbares Problem? Und wenn ja, lässt sich dieses durch eine Pro und Kontra Liste (im Anhang zu finden) lösen?
_____
_____
_____

Dafür war ich heute dankbar:
_____
_____
_____

Freue ich mich morgen auf etwas Bestimmtes?   ja/nein
Wenn ja, dann auf was? _____
_____
_____

Werde ich morgen etwas anders machen als heute?   ja/nein
Wenn ja, dann was? _____
_____
_____

Das hat mich heute gedanklich am meisten beschäftigt:
_____
_____
_____
_____
_____
_____

...und diese Gedanken lasse ich jetzt an mir vorbeiziehen, weil ich auch morgen noch darüber nachdenken kann. Ich wünsche mir eine Gute Nacht und freue mich auf den nächsten Tag!

Ein neuer Tag beginnt........

Datum _____   Heute aufgestanden um _____Uhr
Wochentag _____   Schlafdauer insgesamt _____h

So habe ich geschlafen: gut oder   schlecht, weil ich
_____

So fühle ich mich im Moment:

Energie ___ / 10	Anspannung ___ / 10	Grübelei ___ / 10
Freude ___ / 10	Traurigkeit ___ / 10	Angst ___ / 10
Antrieb ___ / 10	Verzweiflung ___ / 10	Schmerzen ___ / 10

Ich bin stolz auf mich, weil
_____
_____
_____
_____

Das werde ich mir heute Gutes tun:
_____
_____
_____
_____
_____

Ich bin dankbar für:
_____
_____
_____
_____

Welche drei Gefühle herrschen im Moment in mir vor:

1. _____ 2. _____ 3. _____

Warum fühle ich im Moment verstärkt:
Gefühl Nummer 1
_____
_____
_____

Gefühl Nummer 2
_____
_____
_____

Gefühl Nummer 3
_____
_____
_____

Habe ich im Moment ein unlösbares Problem?
_____
_____
_____
_____

Raum für Gedanken und Notizen
_____
_____
_____
_____
_____
_____
_____

Es ist Abend, der Tag neigt sich dem Ende zu....

Wann ging es mir heute besonders gut und warum?
_____
_____
_____

Wann ging es mir heute besonders schlecht und warum?
_____
_____
_____

Darüber habe ich mich heute gefreut:
_____
_____
_____

Darüber habe ich mich heute geärgert:
_____
_____
_____
_____

Das habe ich heute gut und richtig gemacht:
_____
_____

Das ist mir heute nicht so gut gelungen, hier habe ich einen Fehler gemacht oder war ich nicht so erfolgreich:
_____
_____
_____
_____

Wie viel Zeit habe ich heute für mich selbst gehabt und mit was habe ich diese verbracht?
_____
_____
_____

Habe ich im Moment ein scheinbar unlösbares Problem? Und wenn ja, lässt sich dieses durch eine Pro und Kontra Liste (im Anhang zu finden) lösen?
_____
_____
_____

Dafür war ich heute dankbar:
_____
_____
_____

Freue ich mich morgen auf etwas Bestimmtes?   ja/nein
Wenn ja, dann auf was? _____
_____
_____

Werde ich morgen etwas anders machen als heute?   ja/nein
Wenn ja, dann was? _____
_____
_____

Das hat mich heute gedanklich am meisten beschäftigt:
_____
_____
_____
_____
_____

...und diese Gedanken lasse ich jetzt an mir vorbeiziehen, weil ich auch morgen noch darüber nachdenken kann. Ich wünsche mir eine Gute Nacht und freue mich auf den nächsten Tag!

Ein neuer Tag beginnt........

Datum _____   Heute aufgestanden um _____ Uhr
Wochentag _____   Schlafdauer insgesamt _____ h

So habe ich geschlafen: gut oder   schlecht, weil ich
_____

So fühle ich mich im Moment:

Energie ___ / 10	Anspannung ___ / 10	Grübelei ___ / 10
Freude ___ / 10	Traurigkeit ___ / 10	Angst ___ / 10
Antrieb ___ / 10	Verzweiflung ___ / 10	Schmerzen ___ / 10

Ich bin stolz auf mich, weil
_____
_____
_____
_____

Das werde ich mir heute Gutes tun:
_____
_____
_____
_____
_____

Ich bin dankbar für:
_____
_____
_____
_____

Welche drei Gefühle herrschen im Moment in mir vor:

1. _____ 2. _____ 3. _____

Warum fühle ich im Moment verstärkt:
Gefühl Nummer 1
_____
_____
_____

Gefühl Nummer 2
_____
_____
_____

Gefühl Nummer 3
_____
_____
_____

Habe ich im Moment ein unlösbares Problem?
_____
_____
_____
_____

Raum für Gedanken und Notizen

_____
_____
_____
_____
_____
_____
_____

Es ist Abend, der Tag neigt sich dem Ende zu....

Wann ging es mir heute besonders gut und warum?
_____
_____
_____

Wann ging es mir heute besonders schlecht und warum?
_____
_____
_____

Darüber habe ich mich heute gefreut:
_____
_____
_____

Darüber habe ich mich heute geärgert:
_____
_____
_____
_____

Das habe ich heute gut und richtig gemacht:
_____
_____
_____

Das ist mir heute nicht so gut gelungen, hier habe ich einen Fehler gemacht oder war ich nicht so erfolgreich:
_____
_____
_____
_____

Wie viel Zeit habe ich heute für mich selbst gehabt und mit was habe ich diese verbracht?

_____
_____
_____

Habe ich im Moment ein scheinbar unlösbares Problem? Und wenn ja, lässt sich dieses durch eine Pro und Kontra Liste (im Anhang zu finden) lösen?

_____
_____
_____

Dafür war ich heute dankbar:

_____
_____
_____

Freue ich mich morgen auf etwas Bestimmtes?   ja/nein
Wenn ja, dann auf was? _____
_____
_____

Werde ich morgen etwas anders machen als heute?   ja/nein
Wenn ja, dann was? _____
_____
_____

Das hat mich heute gedanklich am meisten beschäftigt:

_____
_____
_____
_____
_____
_____

...und diese Gedanken lasse ich jetzt an mir vorbeiziehen, weil ich auch morgen noch darüber nachdenken kann. Ich wünsche mir eine Gute Nacht und freue mich auf den nächsten Tag!

Ein neuer Tag beginnt........

Datum _____   Heute aufgestanden um _____ Uhr
Wochentag _____   Schlafdauer insgesamt _____ h

So habe ich geschlafen: gut oder   schlecht, weil ich
_____

So fühle ich mich im Moment:

Energie ___ / 10   Anspannung   ___ / 10   Grübelei   ___ / 10
Freude ___ / 10   Traurigkeit ___ / 10   Angst   ___ / 10
Antrieb ___ / 10   Verzweiflung ___ / 10   Schmerzen ___ / 10

Ich bin stolz auf mich, weil
_____
_____
_____
_____

Das werde ich mir heute Gutes tun:
_____
_____
_____
_____
_____

Ich bin dankbar für:
_____
_____
_____
_____

Welche drei Gefühle herrschen im Moment in mir vor:

1. _____ 2. _____ 3. _____

Warum fühle ich im Moment verstärkt:
Gefühl Nummer 1
_____
_____
_____

Gefühl Nummer 2
_____
_____
_____

Gefühl Nummer 3
_____
_____
_____

Habe ich im Moment ein unlösbares Problem?
_____
_____
_____
_____

Raum für Gedanken und Notizen
_____
_____
_____
_____
_____
_____
_____

Es ist Abend, der Tag neigt sich dem Ende zu....

Wann ging es mir heute besonders gut und warum?
_____
_____
_____

Wann ging es mir heute besonders schlecht und warum?
_____
_____
_____

Darüber habe ich mich heute gefreut:
_____
_____
_____

Darüber habe ich mich heute geärgert:
_____
_____
_____
_____

Das habe ich heute gut und richtig gemacht:
_____
_____

Das ist mir heute nicht so gut gelungen, hier habe ich einen Fehler gemacht oder war ich nicht so erfolgreich:
_____
_____
_____
_____

Wie viel Zeit habe ich heute für mich selbst gehabt und mit was habe ich diese verbracht?

_____
_____
_____

Habe ich im Moment ein scheinbar unlösbares Problem? Und wenn ja, lässt sich dieses durch eine Pro und Kontra Liste (im Anhang zu finden) lösen?

_____
_____
_____

Dafür war ich heute dankbar:

_____
_____
_____

Freue ich mich morgen auf etwas Bestimmtes?   ja/nein
Wenn ja, dann auf was? _____
_____
_____

Werde ich morgen etwas anders machen als heute?   ja/nein
Wenn ja, dann was? _____
_____
_____

Das hat mich heute gedanklich am meisten beschäftigt:

_____
_____
_____
_____
_____
_____

...und diese Gedanken lasse ich jetzt an mir vorbeiziehen, weil ich auch morgen noch darüber nachdenken kann. Ich wünsche mir eine Gute Nacht und freue mich auf den nächsten Tag!

Ein neuer Tag beginnt........

Datum _____   Heute aufgestanden um _____Uhr
Wochentag _____   Schlafdauer insgesamt _____h

So habe ich geschlafen: gut oder   schlecht, weil ich
_____

So fühle ich mich im Moment:

Energie ___ / 10	Anspannung ___ / 10	Grübelei ___ / 10
Freude ___ / 10	Traurigkeit ___ / 10	Angst ___ / 10
Antrieb ___ / 10	Verzweiflung ___ / 10	Schmerzen ___ / 10

Ich bin stolz auf mich, weil

_____
_____
_____
_____

Das werde ich mir heute Gutes tun:

_____
_____
_____
_____
_____

Ich bin dankbar für:

_____
_____
_____
_____

Welche drei Gefühle herrschen im Moment in mir vor:

1. _____ 2. _____ 3. _____

Warum fühle ich im Moment verstärkt:

Gefühl Nummer 1

_____
_____
_____

Gefühl Nummer 2

_____
_____
_____

Gefühl Nummer 3

_____
_____
_____

Habe ich im Moment ein unlösbares Problem?

_____
_____
_____
_____

Raum für Gedanken und Notizen

_____
_____
_____
_____
_____
_____
_____

Es ist Abend, der Tag neigt sich dem Ende zu....

Wann ging es mir heute besonders gut und warum?
_____
_____
_____

Wann ging es mir heute besonders schlecht und warum?
_____
_____
_____

Darüber habe ich mich heute gefreut:
_____
_____
_____

Darüber habe ich mich heute geärgert:
_____
_____
_____
_____

Das habe ich heute gut und richtig gemacht:
_____
_____

Das ist mir heute nicht so gut gelungen, hier habe ich einen Fehler gemacht oder war ich nicht so erfolgreich:
_____
_____
_____
_____

Wie viel Zeit habe ich heute für mich selbst gehabt und mit was habe ich diese verbracht?
_____
_____
_____

Habe ich im Moment ein scheinbar unlösbares Problem? Und wenn ja, lässt sich dieses durch eine Pro und Kontra Liste (im Anhang zu finden) lösen?
_____
_____
_____

Dafür war ich heute dankbar:
_____
_____
_____

Freue ich mich morgen auf etwas Bestimmtes?   ja/nein
Wenn ja, dann auf was? _____
_____
_____

Werde ich morgen etwas anders machen als heute?   ja/nein
Wenn ja, dann was? _____
_____
_____

Das hat mich heute gedanklich am meisten beschäftigt:
_____
_____
_____
_____
_____

...und diese Gedanken lasse ich jetzt an mir vorbeiziehen, weil ich auch morgen noch darüber nachdenken kann. Ich wünsche mir eine Gute Nacht und freue mich auf den nächsten Tag!

Ein neuer Tag beginnt........

Datum _____   Heute aufgestanden um _____ Uhr
Wochentag _____   Schlafdauer insgesamt _____ h

So habe ich geschlafen: gut oder   schlecht, weil ich
_____

So fühle ich mich im Moment:

Energie ___ / 10	Anspannung ___ / 10	Grübelei ___ / 10
Freude ___ / 10	Traurigkeit ___ / 10	Angst ___ / 10
Antrieb ___ / 10	Verzweiflung ___ / 10	Schmerzen ___ / 10

Ich bin stolz auf mich, weil

_____
_____
_____
_____

Das werde ich mir heute Gutes tun:

_____
_____
_____
_____
_____

Ich bin dankbar für:

_____
_____
_____
_____

Welche drei Gefühle herrschen im Moment in mir vor:

1. _____ 2. _____ 3. _____

Warum fühle ich im Moment verstärkt:
Gefühl Nummer 1
_____
_____
_____

Gefühl Nummer 2
_____
_____
_____

Gefühl Nummer 3
_____
_____
_____

Habe ich im Moment ein unlösbares Problem?
_____
_____
_____
_____

Raum für Gedanken und Notizen
_____
_____
_____
_____
_____
_____
_____

Es ist Abend, der Tag neigt sich dem Ende zu....

Wann ging es mir heute besonders gut und warum?
_____
_____
_____

Wann ging es mir heute besonders schlecht und warum?
_____
_____
_____

Darüber habe ich mich heute gefreut:
_____
_____
_____

Darüber habe ich mich heute geärgert:
_____
_____
_____
_____

Das habe ich heute gut und richtig gemacht:
_____
_____

Das ist mir heute nicht so gut gelungen, hier habe ich einen Fehler gemacht oder war ich nicht so erfolgreich:
_____
_____
_____
_____

Wie viel Zeit habe ich heute für mich selbst gehabt und mit was habe ich diese verbracht?

_____
_____
_____

Habe ich im Moment ein scheinbar unlösbares Problem? Und wenn ja, lässt sich dieses durch eine Pro und Kontra Liste (im Anhang zu finden) lösen?

_____
_____
_____

Dafür war ich heute dankbar:

_____
_____
_____

Freue ich mich morgen auf etwas Bestimmtes?　　　ja/nein
Wenn ja, dann auf was? _____

_____
_____

Werde ich morgen etwas anders machen als heute?　　　ja/nein
Wenn ja, dann was? _____

_____
_____

Das hat mich heute gedanklich am meisten beschäftigt:

_____
_____
_____
_____
_____
_____

...und diese Gedanken lasse ich jetzt an mir vorbeiziehen, weil ich auch morgen noch darüber nachdenken kann. Ich wünsche mir eine Gute Nacht und freue mich auf den nächsten Tag!

Ein neuer Tag beginnt........

Datum _____   Heute aufgestanden um _____Uhr
Wochentag _____   Schlafdauer insgesamt _____h

So habe ich geschlafen: gut oder   schlecht, weil ich
_____

So fühle ich mich im Moment:

Energie ___ / 10	Anspannung ___ / 10	Grübelei ___ / 10
Freude ___ / 10	Traurigkeit ___ / 10	Angst ___ / 10
Antrieb ___ / 10	Verzweiflung ___ / 10	Schmerzen ___ / 10

Ich bin stolz auf mich, weil
_____
_____
_____
_____

Das werde ich mir heute Gutes tun:
_____
_____
_____
_____
_____

Ich bin dankbar für:
_____
_____
_____
_____

Welche drei Gefühle herrschen im Moment in mir vor:

1. _____ 2. _____ 3. _____

Warum fühle ich im Moment verstärkt:
Gefühl Nummer 1
_____
_____
_____

Gefühl Nummer 2
_____
_____
_____

Gefühl Nummer 3
_____
_____
_____

Habe ich im Moment ein unlösbares Problem?
_____
_____
_____
_____

Raum für Gedanken und Notizen

_____
_____
_____
_____
_____
_____
_____

Es ist Abend, der Tag neigt sich dem Ende zu....

Wann ging es mir heute besonders gut und warum?
_____
_____
_____

Wann ging es mir heute besonders schlecht und warum?
_____
_____
_____

Darüber habe ich mich heute gefreut:
_____
_____
_____

Darüber habe ich mich heute geärgert:
_____
_____
_____
_____

Das habe ich heute gut und richtig gemacht:
_____
_____

Das ist mir heute nicht so gut gelungen, hier habe ich einen Fehler gemacht oder war ich nicht so erfolgreich:
_____
_____
_____
_____
_____

Wie viel Zeit habe ich heute für mich selbst gehabt und mit was habe ich diese verbracht?
_____
_____
_____

Habe ich im Moment ein scheinbar unlösbares Problem? Und wenn ja, lässt sich dieses durch eine Pro und Kontra Liste (im Anhang zu finden) lösen?
_____
_____
_____

Dafür war ich heute dankbar:
_____
_____
_____

Freue ich mich morgen auf etwas Bestimmtes?   ja/nein
Wenn ja, dann auf was? _____
_____
_____

Werde ich morgen etwas anders machen als heute?   ja/nein
Wenn ja, dann was? _____
_____

Das hat mich heute gedanklich am meisten beschäftigt:
_____
_____
_____
_____
_____

...und diese Gedanken lasse ich jetzt an mir vorbeiziehen, weil ich auch morgen noch darüber nachdenken kann. Ich wünsche mir eine Gute Nacht und freue mich auf den nächsten Tag!

Ein neuer Tag beginnt........

Datum _____　　　　　　Heute aufgestanden um _____Uhr
Wochentag _____　　　　　　Schlafdauer insgesamt _____h

So habe ich geschlafen:　　gut oder　　schlecht, weil ich
_____

So fühle ich mich im Moment:

Energie ___ / 10	Anspannung ___ / 10	Grübelei ___ / 10
Freude ___ / 10	Traurigkeit ___ / 10	Angst ___ / 10
Antrieb ___ / 10	Verzweiflung ___ / 10	Schmerzen ___ / 10

Ich bin stolz auf mich, weil

_____
_____
_____
_____

Das werde ich mir heute Gutes tun:

_____
_____
_____
_____
_____

Ich bin dankbar für:

_____
_____
_____
_____

Welche drei Gefühle herrschen im Moment in mir vor:

1. _____ 2. _____ 3. _____

Warum fühle ich im Moment verstärkt:
Gefühl Nummer 1
_____
_____
_____

Gefühl Nummer 2
_____
_____
_____

Gefühl Nummer 3
_____
_____
_____

Habe ich im Moment ein unlösbares Problem?
_____
_____
_____
_____

Raum für Gedanken und Notizen
_____
_____
_____
_____
_____
_____
_____

Es ist Abend, der Tag neigt sich dem Ende zu....

Wann ging es mir heute besonders gut und warum?
_____
_____
_____

Wann ging es mir heute besonders schlecht und warum?
_____
_____
_____

Darüber habe ich mich heute gefreut:
_____
_____
_____

Darüber habe ich mich heute geärgert:
_____
_____
_____
_____

Das habe ich heute gut und richtig gemacht:
_____
_____

Das ist mir heute nicht so gut gelungen, hier habe ich einen Fehler gemacht oder war ich nicht so erfolgreich:
_____
_____
_____
_____

Wie viel Zeit habe ich heute für mich selbst gehabt und mit was habe ich diese verbracht?
_____
_____
_____

Habe ich im Moment ein scheinbar unlösbares Problem? Und wenn ja, lässt sich dieses durch eine Pro und Kontra Liste (im Anhang zu finden) lösen?
_____
_____
_____

Dafür war ich heute dankbar:
_____
_____
_____

Freue ich mich morgen auf etwas Bestimmtes?   ja/nein
Wenn ja, dann auf was? _____
_____
_____

Werde ich morgen etwas anders machen als heute?   ja/nein
Wenn ja, dann was? _____
_____
_____

Das hat mich heute gedanklich am meisten beschäftigt:
_____
_____
_____
_____
_____
_____

…und diese Gedanken lasse ich jetzt an mir vorbeiziehen, weil ich auch morgen noch darüber nachdenken kann. Ich wünsche mir eine Gute Nacht und freue mich auf den nächsten Tag!

Ein neuer Tag beginnt........

Datum _____   Heute aufgestanden um _____Uhr
Wochentag _____   Schlafdauer insgesamt _____h

So habe ich geschlafen: gut oder   schlecht, weil ich
_____

So fühle ich mich im Moment:

Energie ___ / 10	Anspannung ___ / 10	Grübelei ___ / 10
Freude ___ / 10	Traurigkeit ___ / 10	Angst ___ / 10
Antrieb ___ / 10	Verzweiflung ___ / 10	Schmerzen ___ / 10

Ich bin stolz auf mich, weil
_____
_____
_____
_____

Das werde ich mir heute Gutes tun:
_____
_____
_____
_____

Ich bin dankbar für:
_____
_____
_____
_____

Welche drei Gefühle herrschen im Moment in mir vor:

1. _____ 2. _____ 3. _____

Warum fühle ich im Moment verstärkt:
Gefühl Nummer 1
_____
_____
_____

Gefühl Nummer 2
_____
_____
_____

Gefühl Nummer 3
_____
_____
_____

Habe ich im Moment ein unlösbares Problem?
_____
_____
_____
_____

Raum für Gedanken und Notizen

_____
_____
_____
_____
_____
_____
_____

Es ist Abend, der Tag neigt sich dem Ende zu....

Wann ging es mir heute besonders gut und warum?
_____
_____
_____

Wann ging es mir heute besonders schlecht und warum?
_____
_____
_____

Darüber habe ich mich heute gefreut:
_____
_____
_____

Darüber habe ich mich heute geärgert:
_____
_____
_____
_____

Das habe ich heute gut und richtig gemacht:
_____
_____
_____

Das ist mir heute nicht so gut gelungen, hier habe ich einen Fehler gemacht oder war ich nicht so erfolgreich:
_____
_____
_____
_____
_____

Wie viel Zeit habe ich heute für mich selbst gehabt und mit was habe ich diese verbracht?

_____
_____
_____

Habe ich im Moment ein scheinbar unlösbares Problem? Und wenn ja, lässt sich dieses durch eine Pro und Kontra Liste (im Anhang zu finden) lösen?

_____
_____
_____

Dafür war ich heute dankbar:

_____
_____
_____

Freue ich mich morgen auf etwas Bestimmtes?   ja/nein
Wenn ja, dann auf was? _____
_____
_____

Werde ich morgen etwas anders machen als heute?   ja/nein
Wenn ja, dann was? _____
_____
_____

Das hat mich heute gedanklich am meisten beschäftigt:

_____
_____
_____
_____
_____
_____

…und diese Gedanken lasse ich jetzt an mir vorbeiziehen, weil ich auch morgen noch darüber nachdenken kann. Ich wünsche mir eine Gute Nacht und freue mich auf den nächsten Tag!

Ein neuer Tag beginnt........

Datum _____   Heute aufgestanden um _____Uhr
Wochentag _____   Schlafdauer insgesamt _____h

So habe ich geschlafen: gut oder   schlecht, weil ich
_____

So fühle ich mich im Moment:

Energie ___ / 10   Anspannung   ___ / 10   Grübelei   ___ / 10
Freude ___ / 10   Traurigkeit   ___ / 10   Angst   ___ / 10
Antrieb ___ / 10   Verzweiflung ___ / 10   Schmerzen   ___ / 10

Ich bin stolz auf mich, weil
_____
_____
_____
_____

Das werde ich mir heute Gutes tun:
_____
_____
_____
_____
_____

Ich bin dankbar für:
_____
_____
_____
_____

Welche drei Gefühle herrschen im Moment in mir vor:

1. _____ 2. _____ 3. _____

Warum fühle ich im Moment verstärkt:
Gefühl Nummer 1
_____
_____
_____

Gefühl Nummer 2
_____
_____
_____

Gefühl Nummer 3
_____
_____
_____

Habe ich im Moment ein unlösbares Problem?
_____
_____
_____
_____

Raum für Gedanken und Notizen
_____
_____
_____
_____
_____
_____
_____

Es ist Abend, der Tag neigt sich dem Ende zu....

Wann ging es mir heute besonders gut und warum?
_____
_____
_____

Wann ging es mir heute besonders schlecht und warum?
_____
_____
_____

Darüber habe ich mich heute gefreut:
_____
_____
_____

Darüber habe ich mich heute geärgert:
_____
_____
_____
_____

Das habe ich heute gut und richtig gemacht:
_____
_____
_____

Das ist mir heute nicht so gut gelungen, hier habe ich einen Fehler gemacht oder war ich nicht so erfolgreich:
_____
_____
_____
_____

Wie viel Zeit habe ich heute für mich selbst gehabt und mit was habe ich diese verbracht?

_____
_____
_____

Habe ich im Moment ein scheinbar unlösbares Problem? Und wenn ja, lässt sich dieses durch eine Pro und Kontra Liste (im Anhang zu finden) lösen?

_____
_____
_____

Dafür war ich heute dankbar:

_____
_____
_____

Freue ich mich morgen auf etwas Bestimmtes?   ja/nein
Wenn ja, dann auf was? _____
_____
_____

Werde ich morgen etwas anders machen als heute?   ja/nein
Wenn ja, dann was? _____
_____
_____

Das hat mich heute gedanklich am meisten beschäftigt:

_____
_____
_____
_____
_____
_____

...und diese Gedanken lasse ich jetzt an mir vorbeiziehen, weil ich auch morgen noch darüber nachdenken kann. Ich wünsche mir eine Gute Nacht und freue mich auf den nächsten Tag!

Ein neuer Tag beginnt........

Datum _____ Heute aufgestanden um _____ Uhr

Wochentag _____ Schlafdauer insgesamt _____ h

So habe ich geschlafen: gut oder   schlecht, weil ich
_____

So fühle ich mich im Moment:

Energie ___ / 10	Anspannung ___ / 10	Grübelei ___ / 10
Freude ___ / 10	Traurigkeit ___ / 10	Angst ___ / 10
Antrieb ___ / 10	Verzweiflung ___ / 10	Schmerzen ___ / 10

Ich bin stolz auf mich, weil

_____
_____
_____
_____

Das werde ich mir heute Gutes tun:

_____
_____
_____
_____

Ich bin dankbar für:

_____
_____
_____
_____

Welche drei Gefühle herrschen im Moment in mir vor:

1. _____ 2. _____ 3. _____

Warum fühle ich im Moment verstärkt:
Gefühl Nummer 1
_____
_____
_____

Gefühl Nummer 2
_____
_____
_____

Gefühl Nummer 3
_____
_____
_____

Habe ich im Moment ein unlösbares Problem?
_____
_____
_____
_____

Raum für Gedanken und Notizen
_____
_____
_____
_____
_____
_____
_____

Es ist Abend, der Tag neigt sich dem Ende zu....

Wann ging es mir heute besonders gut und warum?
_____
_____
_____

Wann ging es mir heute besonders schlecht und warum?
_____
_____
_____

Darüber habe ich mich heute gefreut:
_____
_____
_____

Darüber habe ich mich heute geärgert:
_____
_____
_____
_____

Das habe ich heute gut und richtig gemacht:
_____
_____
_____

Das ist mir heute nicht so gut gelungen, hier habe ich einen Fehler gemacht oder war ich nicht so erfolgreich:
_____
_____
_____
_____
_____

Wie viel Zeit habe ich heute für mich selbst gehabt und mit was habe ich diese verbracht?
_____
_____
_____

Habe ich im Moment ein scheinbar unlösbares Problem? Und wenn ja, lässt sich dieses durch eine Pro und Kontra Liste (im Anhang zu finden) lösen?
_____
_____
_____

Dafür war ich heute dankbar:
_____
_____
_____

Freue ich mich morgen auf etwas Bestimmtes?   ja/nein
Wenn ja, dann auf was? _____
_____
_____

Werde ich morgen etwas anders machen als heute?   ja/nein
Wenn ja, dann was? _____
_____
_____

Das hat mich heute gedanklich am meisten beschäftigt:
_____
_____
_____
_____
_____
_____

...und diese Gedanken lasse ich jetzt an mir vorbeiziehen, weil ich auch morgen noch darüber nachdenken kann. Ich wünsche mir eine Gute Nacht und freue mich auf den nächsten Tag!

Ein neuer Tag beginnt........

Datum _____　　　　　　　Heute aufgestanden um _____Uhr

Wochentag _____　　　　　　 Schlafdauer insgesamt _____h

So habe ich geschlafen:　　gut oder　　schlecht, weil ich
_____

So fühle ich mich im Moment:

Energie ___ / 10	Anspannung ___ / 10	Grübelei ___ / 10
Freude ___ / 10	Traurigkeit ___ / 10	Angst ___ / 10
Antrieb ___ / 10	Verzweiflung ___ / 10	Schmerzen ___ / 10

Ich bin stolz auf mich, weil
_____
_____
_____
_____

Das werde ich mir heute Gutes tun:
_____
_____
_____
_____
_____

Ich bin dankbar für:
_____
_____
_____
_____

Welche drei Gefühle herrschen im Moment in mir vor:

1. _____ 2. _____ 3. _____

Warum fühle ich im Moment verstärkt:
Gefühl Nummer 1

_____
_____
_____

Gefühl Nummer 2

_____
_____
_____

Gefühl Nummer 3

_____
_____
_____

Habe ich im Moment ein unlösbares Problem?

_____
_____
_____
_____

Raum für Gedanken und Notizen

_____
_____
_____
_____
_____
_____
_____

Es ist Abend, der Tag neigt sich dem Ende zu....

Wann ging es mir heute besonders gut und warum?
_____
_____
_____

Wann ging es mir heute besonders schlecht und warum?
_____
_____
_____

Darüber habe ich mich heute gefreut:
_____
_____
_____

Darüber habe ich mich heute geärgert:
_____
_____
_____
_____

Das habe ich heute gut und richtig gemacht:
_____
_____
_____

Das ist mir heute nicht so gut gelungen, hier habe ich einen Fehler gemacht oder war ich nicht so erfolgreich:
_____
_____
_____
_____
_____

Wie viel Zeit habe ich heute für mich selbst gehabt und mit was habe ich diese verbracht?
_____
_____
_____

Habe ich im Moment ein scheinbar unlösbares Problem? Und wenn ja, lässt sich dieses durch eine Pro und Kontra Liste (im Anhang zu finden) lösen?
_____
_____
_____

Dafür war ich heute dankbar:
_____
_____
_____

Freue ich mich morgen auf etwas Bestimmtes?   ja/nein
Wenn ja, dann auf was? _____
_____
_____

Werde ich morgen etwas anders machen als heute?   ja/nein
Wenn ja, dann was? _____
_____
_____

Das hat mich heute gedanklich am meisten beschäftigt:
_____
_____
_____
_____
_____
_____

...und diese Gedanken lasse ich jetzt an mir vorbeiziehen, weil ich auch morgen noch darüber nachdenken kann. Ich wünsche mir eine Gute Nacht und freue mich auf den nächsten Tag!

Ein neuer Tag beginnt........

Datum _____   Heute aufgestanden um _____Uhr
Wochentag _____   Schlafdauer insgesamt _____h

So habe ich geschlafen: gut oder   schlecht, weil ich
_____

So fühle ich mich im Moment:

Energie ___ / 10   Anspannung   ___ / 10   Grübelei   ___ / 10
Freude ___ / 10   Traurigkeit   ___ / 10   Angst   ___ / 10
Antrieb ___ / 10   Verzweiflung ___ / 10   Schmerzen   ___ / 10

Ich bin stolz auf mich, weil

_____
_____
_____
_____

Das werde ich mir heute Gutes tun:

_____
_____
_____
_____
_____

Ich bin dankbar für:

_____
_____
_____
_____

Welche drei Gefühle herrschen im Moment in mir vor:

1. _____ 2. _____ 3. _____

Warum fühle ich im Moment verstärkt:
Gefühl Nummer 1
_____
_____
_____

Gefühl Nummer 2
_____
_____
_____

Gefühl Nummer 3
_____
_____
_____

Habe ich im Moment ein unlösbares Problem?
_____
_____
_____
_____

Raum für Gedanken und Notizen
_____
_____
_____
_____
_____
_____
_____

Es ist Abend, der Tag neigt sich dem Ende zu....

Wann ging es mir heute besonders gut und warum?
_____
_____
_____

Wann ging es mir heute besonders schlecht und warum?
_____
_____
_____

Darüber habe ich mich heute gefreut:
_____
_____
_____

Darüber habe ich mich heute geärgert:
_____
_____
_____
_____

Das habe ich heute gut und richtig gemacht:
_____
_____
_____

Das ist mir heute nicht so gut gelungen, hier habe ich einen Fehler gemacht oder war ich nicht so erfolgreich:
_____
_____
_____
_____
_____

Wie viel Zeit habe ich heute für mich selbst gehabt und mit was habe ich diese verbracht?
_____
_____
_____

Habe ich im Moment ein scheinbar unlösbares Problem? Und wenn ja, lässt sich dieses durch eine Pro und Kontra Liste (im Anhang zu finden) lösen?
_____
_____
_____

Dafür war ich heute dankbar:
_____
_____
_____

Freue ich mich morgen auf etwas Bestimmtes?   ja/nein
Wenn ja, dann auf was? _____
_____
_____

Werde ich morgen etwas anders machen als heute?   ja/nein
Wenn ja, dann was? _____
_____
_____

Das hat mich heute gedanklich am meisten beschäftigt:
_____
_____
_____
_____
_____
_____

...und diese Gedanken lasse ich jetzt an mir vorbeiziehen, weil ich auch morgen noch darüber nachdenken kann. Ich wünsche mir eine Gute Nacht und freue mich auf den nächsten Tag!

Ein neuer Tag beginnt........

Datum _____ Heute aufgestanden um _____Uhr

Wochentag _____ Schlafdauer insgesamt _____h

So habe ich geschlafen: gut oder   schlecht, weil ich
_____

So fühle ich mich im Moment:

Energie ___ / 10	Anspannung ___ / 10	Grübelei ___ / 10
Freude ___ / 10	Traurigkeit ___ / 10	Angst ___ / 10
Antrieb ___ / 10	Verzweiflung ___ / 10	Schmerzen ___ / 10

Ich bin stolz auf mich, weil

_____
_____
_____
_____

Das werde ich mir heute Gutes tun:

_____
_____
_____
_____

Ich bin dankbar für:

_____
_____
_____
_____

Welche drei Gefühle herrschen im Moment in mir vor:

1. _____ 2. _____ 3. _____

Warum fühle ich im Moment verstärkt:
Gefühl Nummer 1
_____
_____
_____

Gefühl Nummer 2
_____
_____
_____

Gefühl Nummer 3
_____
_____
_____

Habe ich im Moment ein unlösbares Problem?
_____
_____
_____
_____

Raum für Gedanken und Notizen
_____
_____
_____
_____
_____
_____
_____

Es ist Abend, der Tag neigt sich dem Ende zu....

Wann ging es mir heute besonders gut und warum?
_____
_____
_____

Wann ging es mir heute besonders schlecht und warum?
_____
_____
_____

Darüber habe ich mich heute gefreut:
_____
_____
_____

Darüber habe ich mich heute geärgert:
_____
_____
_____
_____

Das habe ich heute gut und richtig gemacht:
_____
_____
_____

Das ist mir heute nicht so gut gelungen, hier habe ich einen Fehler gemacht oder war ich nicht so erfolgreich:
_____
_____
_____
_____

Wie viel Zeit habe ich heute für mich selbst gehabt und mit was habe ich diese verbracht?
_____
_____
_____

Habe ich im Moment ein scheinbar unlösbares Problem? Und wenn ja, lässt sich dieses durch eine Pro und Kontra Liste (im Anhang zu finden) lösen?
_____
_____
_____

Dafür war ich heute dankbar:
_____
_____
_____

Freue ich mich morgen auf etwas Bestimmtes?   ja/nein
Wenn ja, dann auf was? _____
_____
_____

Werde ich morgen etwas anders machen als heute?   ja/nein
Wenn ja, dann was? _____
_____
_____

Das hat mich heute gedanklich am meisten beschäftigt:
_____
_____
_____
_____
_____
_____

...und diese Gedanken lasse ich jetzt an mir vorbeiziehen, weil ich auch morgen noch darüber nachdenken kann. Ich wünsche mir eine Gute Nacht und freue mich auf den nächsten Tag!

Ein neuer Tag beginnt........

Datum _____ Heute aufgestanden um _____ Uhr

Wochentag _____ Schlafdauer insgesamt _____ h

So habe ich geschlafen: gut oder   schlecht, weil ich
_____

So fühle ich mich im Moment:

Energie ___ / 10   Anspannung ___ / 10   Grübelei   ___ / 10

Freude ___ / 10   Traurigkeit ___ / 10   Angst   ___ / 10

Antrieb ___ / 10   Verzweiflung ___ / 10   Schmerzen ___ / 10

Ich bin stolz auf mich, weil

_____
_____
_____
_____

Das werde ich mir heute Gutes tun:

_____
_____
_____
_____
_____

Ich bin dankbar für:

_____
_____
_____
_____

Welche drei Gefühle herrschen im Moment in mir vor:

1. _____ 2. _____ 3. _____

Warum fühle ich im Moment verstärkt:
Gefühl Nummer 1
_____
_____
_____

Gefühl Nummer 2
_____
_____
_____

Gefühl Nummer 3
_____
_____
_____

Habe ich im Moment ein unlösbares Problem?
_____
_____
_____
_____

Raum für Gedanken und Notizen
_____
_____
_____
_____
_____
_____
_____

Es ist Abend, der Tag neigt sich dem Ende zu....

Wann ging es mir heute besonders gut und warum?
_____
_____
_____

Wann ging es mir heute besonders schlecht und warum?
_____
_____
_____

Darüber habe ich mich heute gefreut:
_____
_____
_____

Darüber habe ich mich heute geärgert:
_____
_____
_____
_____

Das habe ich heute gut und richtig gemacht:
_____
_____
_____

Das ist mir heute nicht so gut gelungen, hier habe ich einen Fehler gemacht oder war ich nicht so erfolgreich:
_____
_____
_____
_____
_____

Wie viel Zeit habe ich heute für mich selbst gehabt und mit was habe ich diese verbracht?
_____
_____
_____

Habe ich im Moment ein scheinbar unlösbares Problem? Und wenn ja, lässt sich dieses durch eine Pro und Kontra Liste (im Anhang zu finden) lösen?
_____
_____
_____

Dafür war ich heute dankbar:
_____
_____
_____

Freue ich mich morgen auf etwas Bestimmtes?   ja/nein
Wenn ja, dann auf was? _____
_____
_____

Werde ich morgen etwas anders machen als heute?   ja/nein
Wenn ja, dann was? _____
_____
_____

Das hat mich heute gedanklich am meisten beschäftigt:
_____
_____
_____
_____
_____
_____

...und diese Gedanken lasse ich jetzt an mir vorbeiziehen, weil ich auch morgen noch darüber nachdenken kann. Ich wünsche mir eine Gute Nacht und freue mich auf den nächsten Tag!

Ein neuer Tag beginnt........

Datum _____   Heute aufgestanden um _____Uhr
Wochentag _____   Schlafdauer insgesamt _____h

So habe ich geschlafen: gut oder   schlecht, weil ich
_____

So fühle ich mich im Moment:

Energie ___ / 10   Anspannung   ___ / 10   Grübelei   ___ / 10
Freude ___ / 10   Traurigkeit   ___ / 10   Angst   ___ / 10
Antrieb ___ / 10   Verzweiflung ___ / 10   Schmerzen   ___ / 10

Ich bin stolz auf mich, weil

_____
_____
_____
_____

Das werde ich mir heute Gutes tun:

_____
_____
_____
_____
_____

Ich bin dankbar für:

_____
_____
_____
_____

Welche drei Gefühle herrschen im Moment in mir vor:

1. _____ 2. _____ 3. _____

Warum fühle ich im Moment verstärkt:
Gefühl Nummer 1
_____
_____
_____

Gefühl Nummer 2
_____
_____
_____

Gefühl Nummer 3
_____
_____
_____

Habe ich im Moment ein unlösbares Problem?
_____
_____
_____
_____

Raum für Gedanken und Notizen
_____
_____
_____
_____
_____
_____
_____

Es ist Abend, der Tag neigt sich dem Ende zu....

Wann ging es mir heute besonders gut und warum?
_____
_____
_____

Wann ging es mir heute besonders schlecht und warum?
_____
_____
_____

Darüber habe ich mich heute gefreut:
_____
_____
_____

Darüber habe ich mich heute geärgert:
_____
_____
_____
_____

Das habe ich heute gut und richtig gemacht:
_____
_____
_____

Das ist mir heute nicht so gut gelungen, hier habe ich einen Fehler gemacht oder war ich nicht so erfolgreich:
_____
_____
_____
_____
_____

Wie viel Zeit habe ich heute für mich selbst gehabt und mit was habe ich diese verbracht?
_____
_____
_____

Habe ich im Moment ein scheinbar unlösbares Problem? Und wenn ja, lässt sich dieses durch eine Pro und Kontra Liste (im Anhang zu finden) lösen?
_____
_____
_____

Dafür war ich heute dankbar:
_____
_____
_____

Freue ich mich morgen auf etwas Bestimmtes?   ja/nein
Wenn ja, dann auf was? _____
_____
_____

Werde ich morgen etwas anders machen als heute?   ja/nein
Wenn ja, dann was? _____
_____
_____

Das hat mich heute gedanklich am meisten beschäftigt:
_____
_____
_____
_____
_____
_____

...und diese Gedanken lasse ich jetzt an mir vorbeiziehen, weil ich auch morgen noch darüber nachdenken kann. Ich wünsche mir eine Gute Nacht und freue mich auf den nächsten Tag!

Ein neuer Tag beginnt........

Datum _____ Heute aufgestanden um _____ Uhr
Wochentag _____ Schlafdauer insgesamt _____ h

So habe ich geschlafen: gut oder   schlecht, weil ich
_____

So fühle ich mich im Moment:

Energie ___ / 10	Anspannung ___ / 10	Grübelei ___ / 10
Freude ___ / 10	Traurigkeit ___ / 10	Angst ___ / 10
Antrieb ___ / 10	Verzweiflung ___ / 10	Schmerzen ___ / 10

Ich bin stolz auf mich, weil
_____
_____
_____
_____

Das werde ich mir heute Gutes tun:
_____
_____
_____
_____

Ich bin dankbar für:
_____
_____
_____
_____

Welche drei Gefühle herrschen im Moment in mir vor:

1. _____ 2. _____ 3. _____

Warum fühle ich im Moment verstärkt:
Gefühl Nummer 1
_____
_____
_____

Gefühl Nummer 2
_____
_____
_____

Gefühl Nummer 3
_____
_____
_____

Habe ich im Moment ein unlösbares Problem?
_____
_____
_____
_____

Raum für Gedanken und Notizen

_____
_____
_____
_____
_____
_____

Es ist Abend, der Tag neigt sich dem Ende zu....

Wann ging es mir heute besonders gut und warum?
_____
_____
_____

Wann ging es mir heute besonders schlecht und warum?
_____
_____
_____

Darüber habe ich mich heute gefreut:
_____
_____
_____

Darüber habe ich mich heute geärgert:
_____
_____
_____
_____

Das habe ich heute gut und richtig gemacht:
_____
_____
_____

Das ist mir heute nicht so gut gelungen, hier habe ich einen Fehler gemacht oder war ich nicht so erfolgreich:
_____
_____
_____
_____
_____

Wie viel Zeit habe ich heute für mich selbst gehabt und mit was habe ich diese verbracht?
_____
_____
_____

Habe ich im Moment ein scheinbar unlösbares Problem? Und wenn ja, lässt sich dieses durch eine Pro und Kontra Liste (im Anhang zu finden) lösen?
_____
_____
_____

Dafür war ich heute dankbar:
_____
_____
_____

Freue ich mich morgen auf etwas Bestimmtes?   ja/nein
Wenn ja, dann auf was? _____
_____
_____

Werde ich morgen etwas anders machen als heute?   ja/nein
Wenn ja, dann was? _____
_____
_____

Das hat mich heute gedanklich am meisten beschäftigt:
_____
_____
_____
_____
_____
_____

…und diese Gedanken lasse ich jetzt an mir vorbeiziehen, weil ich auch morgen noch darüber nachdenken kann. Ich wünsche mir eine Gute Nacht und freue mich auf den nächsten Tag!

Ein neuer Tag beginnt........

Datum _____   Heute aufgestanden um _____Uhr
Wochentag _____   Schlafdauer insgesamt _____h

So habe ich geschlafen: gut oder   schlecht, weil ich
_____

So fühle ich mich im Moment:

Energie ___ / 10	Anspannung ___ / 10	Grübelei ___ / 10
Freude ___ / 10	Traurigkeit ___ / 10	Angst ___ / 10
Antrieb ___ / 10	Verzweiflung ___ / 10	Schmerzen ___ / 10

Ich bin stolz auf mich, weil
_____
_____
_____
_____

Das werde ich mir heute Gutes tun:
_____
_____
_____
_____
_____

Ich bin dankbar für:
_____
_____
_____
_____

Welche drei Gefühle herrschen im Moment in mir vor:

1. _____ 2. _____ 3. _____

Warum fühle ich im Moment verstärkt:
Gefühl Nummer 1
_____
_____
_____

Gefühl Nummer 2
_____
_____
_____

Gefühl Nummer 3
_____
_____
_____

Habe ich im Moment ein unlösbares Problem?
_____
_____
_____
_____

Raum für Gedanken und Notizen
_____
_____
_____
_____
_____
_____
_____

Es ist Abend, der Tag neigt sich dem Ende zu....

Wann ging es mir heute besonders gut und warum?
_____
_____
_____

Wann ging es mir heute besonders schlecht und warum?
_____
_____
_____

Darüber habe ich mich heute gefreut:
_____
_____
_____

Darüber habe ich mich heute geärgert:
_____
_____
_____
_____

Das habe ich heute gut und richtig gemacht:
_____
_____
_____

Das ist mir heute nicht so gut gelungen, hier habe ich einen Fehler gemacht oder war ich nicht so erfolgreich:
_____
_____
_____
_____
_____

Wie viel Zeit habe ich heute für mich selbst gehabt und mit was habe ich diese verbracht?
_____
_____
_____

Habe ich im Moment ein scheinbar unlösbares Problem? Und wenn ja, lässt sich dieses durch eine Pro und Kontra Liste (im Anhang zu finden) lösen?
_____
_____
_____

Dafür war ich heute dankbar:
_____
_____
_____

Freue ich mich morgen auf etwas Bestimmtes?　　　ja/nein
Wenn ja, dann auf was? _____
_____
_____

Werde ich morgen etwas anders machen als heute?　　ja/nein
Wenn ja, dann was? _____
_____
_____

Das hat mich heute gedanklich am meisten beschäftigt:
_____
_____
_____
_____
_____
_____

...und diese Gedanken lasse ich jetzt an mir vorbeiziehen, weil ich auch morgen noch darüber nachdenken kann. Ich wünsche mir eine Gute Nacht und freue mich auf den nächsten Tag!

Ein neuer Tag beginnt........

Datum _____　　　　　　　　Heute aufgestanden um _____Uhr
Wochentag _____　　　　　　　　Schlafdauer insgesamt _____h

So habe ich geschlafen:　　gut oder　　schlecht, weil ich
_____

So fühle ich mich im Moment:

Energie ___ / 10	Anspannung ___ / 10	Grübelei ___ / 10
Freude ___ / 10	Traurigkeit ___ / 10	Angst ___ / 10
Antrieb ___ / 10	Verzweiflung ___ / 10	Schmerzen ___ / 10

Ich bin stolz auf mich, weil

_____
_____
_____
_____

Das werde ich mir heute Gutes tun:

_____
_____
_____
_____

Ich bin dankbar für:

_____
_____
_____
_____

Welche drei Gefühle herrschen im Moment in mir vor:

1. _____ 2. _____ 3. _____

Warum fühle ich im Moment verstärkt:
Gefühl Nummer 1
_____
_____
_____

Gefühl Nummer 2
_____
_____
_____

Gefühl Nummer 3
_____
_____
_____

Habe ich im Moment ein unlösbares Problem?
_____
_____
_____
_____

Raum für Gedanken und Notizen
_____
_____
_____
_____
_____
_____
_____

Es ist Abend, der Tag neigt sich dem Ende zu....

Wann ging es mir heute besonders gut und warum?
_____
_____
_____

Wann ging es mir heute besonders schlecht und warum?
_____
_____
_____

Darüber habe ich mich heute gefreut:
_____
_____
_____

Darüber habe ich mich heute geärgert:
_____
_____
_____
_____

Das habe ich heute gut und richtig gemacht:
_____
_____
_____

Das ist mir heute nicht so gut gelungen, hier habe ich einen Fehler gemacht oder war ich nicht so erfolgreich:
_____
_____
_____
_____
_____

Wie viel Zeit habe ich heute für mich selbst gehabt und mit was habe ich diese verbracht?
_____
_____
_____

Habe ich im Moment ein scheinbar unlösbares Problem? Und wenn ja, lässt sich dieses durch eine Pro und Kontra Liste (im Anhang zu finden) lösen?
_____
_____
_____

Dafür war ich heute dankbar:
_____
_____
_____

Freue ich mich morgen auf etwas Bestimmtes?   ja/nein
Wenn ja, dann auf was? _____
_____
_____

Werde ich morgen etwas anders machen als heute?   ja/nein
Wenn ja, dann was? _____
_____
_____

Das hat mich heute gedanklich am meisten beschäftigt:
_____
_____
_____
_____
_____
_____

…und diese Gedanken lasse ich jetzt an mir vorbeiziehen, weil ich auch morgen noch darüber nachdenken kann. Ich wünsche mir eine Gute Nacht und freue mich auf den nächsten Tag!

Ein neuer Tag beginnt........

Datum _____   Heute aufgestanden um _____ Uhr
Wochentag _____   Schlafdauer insgesamt _____ h

So habe ich geschlafen: gut oder   schlecht, weil ich
_____

So fühle ich mich im Moment:

Energie ___ / 10	Anspannung ___ / 10	Grübelei ___ / 10
Freude ___ / 10	Traurigkeit ___ / 10	Angst ___ / 10
Antrieb ___ / 10	Verzweiflung ___ / 10	Schmerzen ___ / 10

Ich bin stolz auf mich, weil

_____
_____
_____
_____

Das werde ich mir heute Gutes tun:

_____
_____
_____
_____

Ich bin dankbar für:

_____
_____
_____
_____

Welche drei Gefühle herrschen im Moment in mir vor:

1. _____ 2. _____ 3. _____

Warum fühle ich im Moment verstärkt:

Gefühl Nummer 1
_____
_____
_____

Gefühl Nummer 2
_____
_____
_____

Gefühl Nummer 3
_____
_____
_____

Habe ich im Moment ein unlösbares Problem?
_____
_____
_____
_____

Raum für Gedanken und Notizen
_____
_____
_____
_____
_____
_____
_____

Es ist Abend, der Tag neigt sich dem Ende zu....

Wann ging es mir heute besonders gut und warum?
_____
_____
_____

Wann ging es mir heute besonders schlecht und warum?
_____
_____
_____

Darüber habe ich mich heute gefreut:
_____
_____
_____

Darüber habe ich mich heute geärgert:
_____
_____
_____
_____

Das habe ich heute gut und richtig gemacht:
_____
_____
_____

Das ist mir heute nicht so gut gelungen, hier habe ich einen Fehler gemacht oder war ich nicht so erfolgreich:
_____
_____
_____
_____
_____

Wie viel Zeit habe ich heute für mich selbst gehabt und mit was habe ich diese verbracht?
_____
_____
_____

Habe ich im Moment ein scheinbar unlösbares Problem? Und wenn ja, lässt sich dieses durch eine Pro und Kontra Liste (im Anhang zu finden) lösen?
_____
_____
_____

Dafür war ich heute dankbar:
_____
_____
_____

Freue ich mich morgen auf etwas Bestimmtes?   ja/nein
Wenn ja, dann auf was? _____
_____
_____

Werde ich morgen etwas anders machen als heute?   ja/nein
Wenn ja, dann was? _____
_____
_____

Das hat mich heute gedanklich am meisten beschäftigt:
_____
_____
_____
_____
_____

...und diese Gedanken lasse ich jetzt an mir vorbeiziehen, weil ich auch morgen noch darüber nachdenken kann. Ich wünsche mir eine Gute Nacht und freue mich auf den nächsten Tag!

Ein neuer Tag beginnt........

Datum _____   Heute aufgestanden um _____Uhr
Wochentag _____   Schlafdauer insgesamt _____h

So habe ich geschlafen: gut oder   schlecht, weil ich
_____

So fühle ich mich im Moment:

Energie ___ / 10   Anspannung   ___ / 10   Grübelei   ___ / 10
Freude ___ / 10   Traurigkeit   ___ / 10   Angst   ___ / 10
Antrieb ___ / 10   Verzweiflung ___ / 10   Schmerzen   ___ / 10

Ich bin stolz auf mich, weil
_____
_____
_____
_____

Das werde ich mir heute Gutes tun:
_____
_____
_____
_____
_____

Ich bin dankbar für:
_____
_____
_____
_____

Welche drei Gefühle herrschen im Moment in mir vor:

1. _____ 2. _____ 3. _____

Warum fühle ich im Moment verstärkt:
Gefühl Nummer 1
_____
_____
_____

Gefühl Nummer 2
_____
_____
_____

Gefühl Nummer 3
_____
_____
_____

Habe ich im Moment ein unlösbares Problem?
_____
_____
_____
_____

Raum für Gedanken und Notizen
_____
_____
_____
_____
_____
_____
_____

Es ist Abend, der Tag neigt sich dem Ende zu....

Wann ging es mir heute besonders gut und warum?
_____
_____
_____

Wann ging es mir heute besonders schlecht und warum?
_____
_____
_____

Darüber habe ich mich heute gefreut:
_____
_____
_____

Darüber habe ich mich heute geärgert:
_____
_____
_____
_____

Das habe ich heute gut und richtig gemacht:
_____
_____
_____

Das ist mir heute nicht so gut gelungen, hier habe ich einen Fehler gemacht oder war ich nicht so erfolgreich:
_____
_____
_____
_____
_____

Wie viel Zeit habe ich heute für mich selbst gehabt und mit was habe ich diese verbracht?
_____
_____
_____

Habe ich im Moment ein scheinbar unlösbares Problem? Und wenn ja, lässt sich dieses durch eine Pro und Kontra Liste (im Anhang zu finden) lösen?
_____
_____
_____

Dafür war ich heute dankbar:
_____
_____
_____

Freue ich mich morgen auf etwas Bestimmtes?   ja/nein
Wenn ja, dann auf was? _____
_____
_____

Werde ich morgen etwas anders machen als heute?   ja/nein
Wenn ja, dann was? _____
_____
_____

Das hat mich heute gedanklich am meisten beschäftigt:
_____
_____
_____
_____
_____
_____

...und diese Gedanken lasse ich jetzt an mir vorbeiziehen, weil ich auch morgen noch darüber nachdenken kann. Ich wünsche mir eine Gute Nacht und freue mich auf den nächsten Tag!

Ein neuer Tag beginnt........

Datum _____ Heute aufgestanden um _____ Uhr
Wochentag _____ Schlafdauer insgesamt _____ h

So habe ich geschlafen: gut oder   schlecht, weil ich
_____

So fühle ich mich im Moment:

Energie ___ / 10	Anspannung ___ / 10	Grübelei ___ / 10
Freude ___ / 10	Traurigkeit ___ / 10	Angst ___ / 10
Antrieb ___ / 10	Verzweiflung ___ / 10	Schmerzen ___ / 10

Ich bin stolz auf mich, weil
_____
_____
_____
_____

Das werde ich mir heute Gutes tun:
_____
_____
_____
_____
_____

Ich bin dankbar für:
_____
_____
_____
_____

Welche drei Gefühle herrschen im Moment in mir vor:

1. _____ 2. _____ 3. _____

Warum fühle ich im Moment verstärkt:
Gefühl Nummer 1

_____
_____
_____

Gefühl Nummer 2

_____
_____
_____

Gefühl Nummer 3

_____
_____
_____

Habe ich im Moment ein unlösbares Problem?

_____
_____
_____
_____

Raum für Gedanken und Notizen

_____
_____
_____
_____
_____
_____
_____

Es ist Abend, der Tag neigt sich dem Ende zu....

Wann ging es mir heute besonders gut und warum?
_____
_____
_____

Wann ging es mir heute besonders schlecht und warum?
_____
_____
_____

Darüber habe ich mich heute gefreut:
_____
_____
_____

Darüber habe ich mich heute geärgert:
_____
_____
_____
_____

Das habe ich heute gut und richtig gemacht:
_____
_____
_____

Das ist mir heute nicht so gut gelungen, hier habe ich einen Fehler gemacht oder war ich nicht so erfolgreich:
_____
_____
_____
_____
_____

Wie viel Zeit habe ich heute für mich selbst gehabt und mit was habe ich diese verbracht?
_____
_____
_____

Habe ich im Moment ein scheinbar unlösbares Problem? Und wenn ja, lässt sich dieses durch eine Pro und Kontra Liste (im Anhang zu finden) lösen?
_____
_____
_____

Dafür war ich heute dankbar:
_____
_____
_____

Freue ich mich morgen auf etwas Bestimmtes?   ja/nein
Wenn ja, dann auf was? _____
_____
_____

Werde ich morgen etwas anders machen als heute?   ja/nein
Wenn ja, dann was? _____
_____
_____

Das hat mich heute gedanklich am meisten beschäftigt:
_____
_____
_____
_____
_____
_____

…und diese Gedanken lasse ich jetzt an mir vorbeiziehen, weil ich auch morgen noch darüber nachdenken kann. Ich wünsche mir eine Gute Nacht und freue mich auf den nächsten Tag!

Ein neuer Tag beginnt........

Datum _____ Heute aufgestanden um _____ Uhr

Wochentag _____ Schlafdauer insgesamt _____ h

So habe ich geschlafen: gut oder   schlecht, weil ich
_____

So fühle ich mich im Moment:

Energie ___ / 10	Anspannung ___ / 10	Grübelei ___ / 10
Freude ___ / 10	Traurigkeit ___ / 10	Angst ___ / 10
Antrieb ___ / 10	Verzweiflung ___ / 10	Schmerzen ___ / 10

Ich bin stolz auf mich, weil

_____
_____
_____
_____

Das werde ich mir heute Gutes tun:

_____
_____
_____
_____

Ich bin dankbar für:

_____
_____
_____
_____

Welche drei Gefühle herrschen im Moment in mir vor:

1. _____ 2. _____ 3. _____

Warum fühle ich im Moment verstärkt:
Gefühl Nummer 1
_____
_____
_____

Gefühl Nummer 2
_____
_____
_____

Gefühl Nummer 3
_____
_____
_____

Habe ich im Moment ein unlösbares Problem?
_____
_____
_____
_____

Raum für Gedanken und Notizen

_____
_____
_____
_____
_____
_____
_____

Es ist Abend, der Tag neigt sich dem Ende zu....

Wann ging es mir heute besonders gut und warum?
_____
_____
_____

Wann ging es mir heute besonders schlecht und warum?
_____
_____
_____

Darüber habe ich mich heute gefreut:
_____
_____
_____

Darüber habe ich mich heute geärgert:
_____
_____
_____
_____

Das habe ich heute gut und richtig gemacht:
_____
_____
_____

Das ist mir heute nicht so gut gelungen, hier habe ich einen Fehler gemacht oder war ich nicht so erfolgreich:
_____
_____
_____
_____
_____

Wie viel Zeit habe ich heute für mich selbst gehabt und mit was habe ich diese verbracht?
_____
_____
_____

Habe ich im Moment ein scheinbar unlösbares Problem? Und wenn ja, lässt sich dieses durch eine Pro und Kontra Liste (im Anhang zu finden) lösen?
_____
_____
_____

Dafür war ich heute dankbar:
_____
_____
_____

Freue ich mich morgen auf etwas Bestimmtes?   ja/nein
Wenn ja, dann auf was? _____
_____
_____

Werde ich morgen etwas anders machen als heute?   ja/nein
Wenn ja, dann was? _____
_____
_____

Das hat mich heute gedanklich am meisten beschäftigt:
_____
_____
_____
_____
_____
_____

...und diese Gedanken lasse ich jetzt an mir vorbeiziehen, weil ich auch morgen noch darüber nachdenken kann. Ich wünsche mir eine Gute Nacht und freue mich auf den nächsten Tag!

Ein neuer Tag beginnt........

Datum _____   Heute aufgestanden um _____ Uhr
Wochentag _____   Schlafdauer insgesamt _____ h

So habe ich geschlafen: gut oder   schlecht, weil ich
_____

So fühle ich mich im Moment:

Energie ___ / 10	Anspannung ___ / 10	Grübelei ___ / 10
Freude ___ / 10	Traurigkeit ___ / 10	Angst ___ / 10
Antrieb ___ / 10	Verzweiflung ___ / 10	Schmerzen ___ / 10

Ich bin stolz auf mich, weil

_____
_____
_____
_____

Das werde ich mir heute Gutes tun:

_____
_____
_____
_____
_____

Ich bin dankbar für:

_____
_____
_____
_____

Welche drei Gefühle herrschen im Moment in mir vor:

1. _____ 2. _____ 3. _____

Warum fühle ich im Moment verstärkt:
Gefühl Nummer 1

_____
_____
_____

Gefühl Nummer 2

_____
_____
_____

Gefühl Nummer 3

_____
_____
_____

Habe ich im Moment ein unlösbares Problem?

_____
_____
_____
_____

Raum für Gedanken und Notizen

_____
_____
_____
_____
_____
_____
_____

Es ist Abend, der Tag neigt sich dem Ende zu....

Wann ging es mir heute besonders gut und warum?
_____
_____
_____

Wann ging es mir heute besonders schlecht und warum?
_____
_____
_____

Darüber habe ich mich heute gefreut:
_____
_____
_____

Darüber habe ich mich heute geärgert:
_____
_____
_____
_____

Das habe ich heute gut und richtig gemacht:
_____
_____
_____

Das ist mir heute nicht so gut gelungen, hier habe ich einen Fehler gemacht oder war ich nicht so erfolgreich:
_____
_____
_____
_____
_____

Wie viel Zeit habe ich heute für mich selbst gehabt und mit was habe ich diese verbracht?
_____
_____
_____

Habe ich im Moment ein scheinbar unlösbares Problem? Und wenn ja, lässt sich dieses durch eine Pro und Kontra Liste (im Anhang zu finden) lösen?
_____
_____
_____

Dafür war ich heute dankbar:
_____
_____
_____

Freue ich mich morgen auf etwas Bestimmtes?   ja/nein
Wenn ja, dann auf was? _____
_____
_____

Werde ich morgen etwas anders machen als heute?   ja/nein
Wenn ja, dann was? _____
_____
_____

Das hat mich heute gedanklich am meisten beschäftigt:
_____
_____
_____
_____
_____
_____

...und diese Gedanken lasse ich jetzt an mir vorbeiziehen, weil ich auch morgen noch darüber nachdenken kann. Ich wünsche mir eine Gute Nacht und freue mich auf den nächsten Tag!

Ein neuer Tag beginnt........

Datum _____ Heute aufgestanden um _____ Uhr

Wochentag _____ Schlafdauer insgesamt _____ h

So habe ich geschlafen: gut oder   schlecht, weil ich
_____

So fühle ich mich im Moment:

Energie ___ / 10   Anspannung ___ / 10   Grübelei ___ / 10
Freude ___ / 10   Traurigkeit ___ / 10   Angst   ___ / 10
Antrieb ___ / 10   Verzweiflung ___ / 10   Schmerzen ___ / 10

Ich bin stolz auf mich, weil
_____
_____
_____
_____

Das werde ich mir heute Gutes tun:
_____
_____
_____
_____
_____

Ich bin dankbar für:
_____
_____
_____
_____

Welche drei Gefühle herrschen im Moment in mir vor:

1. _____ 2. _____ 3. _____

Warum fühle ich im Moment verstärkt:
Gefühl Nummer 1
_____
_____
_____

Gefühl Nummer 2
_____
_____
_____

Gefühl Nummer 3
_____
_____
_____

Habe ich im Moment ein unlösbares Problem?
_____
_____
_____
_____

Raum für Gedanken und Notizen
_____
_____
_____
_____
_____
_____
_____

Es ist Abend, der Tag neigt sich dem Ende zu....

Wann ging es mir heute besonders gut und warum?
_____
_____
_____

Wann ging es mir heute besonders schlecht und warum?
_____
_____
_____

Darüber habe ich mich heute gefreut:
_____
_____
_____

Darüber habe ich mich heute geärgert:
_____
_____
_____
_____

Das habe ich heute gut und richtig gemacht:
_____
_____
_____

Das ist mir heute nicht so gut gelungen, hier habe ich einen Fehler gemacht oder war ich nicht so erfolgreich:
_____
_____
_____
_____

Wie viel Zeit habe ich heute für mich selbst gehabt und mit was habe ich diese verbracht?
_____
_____
_____

Habe ich im Moment ein scheinbar unlösbares Problem? Und wenn ja, lässt sich dieses durch eine Pro und Kontra Liste (im Anhang zu finden) lösen?
_____
_____
_____

Dafür war ich heute dankbar:
_____
_____

Freue ich mich morgen auf etwas Bestimmtes?   ja/nein
Wenn ja, dann auf was? _____
_____
_____

Werde ich morgen etwas anders machen als heute?   ja/nein
Wenn ja, dann was? _____
_____
_____

Das hat mich heute gedanklich am meisten beschäftigt:
_____
_____
_____
_____
_____

...und diese Gedanken lasse ich jetzt an mir vorbeiziehen, weil ich auch morgen noch darüber nachdenken kann. Ich wünsche mir eine Gute Nacht und freue mich auf den nächsten Tag!

Ein neuer Tag beginnt........

Datum _____   Heute aufgestanden um _____Uhr
Wochentag _____   Schlafdauer insgesamt _____h

So habe ich geschlafen: gut oder   schlecht, weil ich
_____

So fühle ich mich im Moment:

Energie ___ / 10	Anspannung ___ / 10	Grübelei ___ / 10
Freude ___ / 10	Traurigkeit ___ / 10	Angst ___ / 10
Antrieb ___ / 10	Verzweiflung ___ / 10	Schmerzen ___ / 10

Ich bin stolz auf mich, weil

_____
_____
_____
_____

Das werde ich mir heute Gutes tun:

_____
_____
_____
_____
_____

Ich bin dankbar für:

_____
_____
_____
_____

Welche drei Gefühle herrschen im Moment in mir vor:

1. _____ 2. _____ 3. _____

Warum fühle ich im Moment verstärkt:

Gefühl Nummer 1
_____
_____
_____

Gefühl Nummer 2
_____
_____
_____

Gefühl Nummer 3
_____
_____
_____

Habe ich im Moment ein unlösbares Problem?
_____
_____
_____
_____

Raum für Gedanken und Notizen
_____
_____
_____
_____
_____
_____
_____

Es ist Abend, der Tag neigt sich dem Ende zu....

Wann ging es mir heute besonders gut und warum?
_____
_____
_____

Wann ging es mir heute besonders schlecht und warum?
_____
_____
_____

Darüber habe ich mich heute gefreut:
_____
_____
_____

Darüber habe ich mich heute geärgert:
_____
_____
_____
_____

Das habe ich heute gut und richtig gemacht:
_____
_____
_____

Das ist mir heute nicht so gut gelungen, hier habe ich einen Fehler gemacht oder war ich nicht so erfolgreich:
_____
_____
_____
_____

Wie viel Zeit habe ich heute für mich selbst gehabt und mit was habe ich diese verbracht?
_____
_____
_____

Habe ich im Moment ein scheinbar unlösbares Problem? Und wenn ja, lässt sich dieses durch eine Pro und Kontra Liste (im Anhang zu finden) lösen?
_____
_____
_____

Dafür war ich heute dankbar:
_____
_____
_____

Freue ich mich morgen auf etwas Bestimmtes?   ja/nein
Wenn ja, dann auf was? _____
_____
_____

Werde ich morgen etwas anders machen als heute?   ja/nein
Wenn ja, dann was? _____
_____
_____

Das hat mich heute gedanklich am meisten beschäftigt:
_____
_____
_____
_____
_____

...und diese Gedanken lasse ich jetzt an mir vorbeiziehen, weil ich auch morgen noch darüber nachdenken kann. Ich wünsche mir eine Gute Nacht und freue mich auf den nächsten Tag!

Ein neuer Tag beginnt........

Datum _____ Heute aufgestanden um _____Uhr

Wochentag _____ Schlafdauer insgesamt _____h

So habe ich geschlafen: gut oder   schlecht, weil ich
_____

So fühle ich mich im Moment:

Energie ___ / 10	Anspannung ___ / 10	Grübelei ___ / 10
Freude ___ / 10	Traurigkeit ___ / 10	Angst ___ / 10
Antrieb ___ / 10	Verzweiflung ___ / 10	Schmerzen ___ / 10

Ich bin stolz auf mich, weil

_____
_____
_____
_____

Das werde ich mir heute Gutes tun:

_____
_____
_____
_____
_____

Ich bin dankbar für:

_____
_____
_____
_____

Welche drei Gefühle herrschen im Moment in mir vor:

1. _____ 2. _____ 3. _____

Warum fühle ich im Moment verstärkt:
Gefühl Nummer 1
_____
_____
_____

Gefühl Nummer 2
_____
_____
_____

Gefühl Nummer 3
_____
_____
_____

Habe ich im Moment ein unlösbares Problem?
_____
_____
_____
_____

Raum für Gedanken und Notizen
_____
_____
_____
_____
_____
_____
_____

Es ist Abend, der Tag neigt sich dem Ende zu....

Wann ging es mir heute besonders gut und warum?
_____
_____
_____

Wann ging es mir heute besonders schlecht und warum?
_____
_____
_____

Darüber habe ich mich heute gefreut:
_____
_____
_____

Darüber habe ich mich heute geärgert:
_____
_____
_____
_____

Das habe ich heute gut und richtig gemacht:
_____
_____
_____

Das ist mir heute nicht so gut gelungen, hier habe ich einen Fehler gemacht oder war ich nicht so erfolgreich:
_____
_____
_____
_____

Wie viel Zeit habe ich heute für mich selbst gehabt und mit was habe ich diese verbracht?
_____
_____
_____

Habe ich im Moment ein scheinbar unlösbares Problem? Und wenn ja, lässt sich dieses durch eine Pro und Kontra Liste (im Anhang zu finden) lösen?
_____
_____
_____

Dafür war ich heute dankbar:
_____
_____
_____

Freue ich mich morgen auf etwas Bestimmtes?　　　ja/nein
Wenn ja, dann auf was? _____
_____
_____

Werde ich morgen etwas anders machen als heute?　　ja/nein
Wenn ja, dann was? _____
_____
_____

Das hat mich heute gedanklich am meisten beschäftigt:
_____
_____
_____
_____
_____

...und diese Gedanken lasse ich jetzt an mir vorbeiziehen, weil ich auch morgen noch darüber nachdenken kann. Ich wünsche mir eine Gute Nacht und freue mich auf den nächsten Tag!

Ein neuer Tag beginnt........

Datum _____ Heute aufgestanden um _____Uhr
Wochentag _____ Schlafdauer insgesamt _____h

So habe ich geschlafen: gut oder   schlecht, weil ich
_____

So fühle ich mich im Moment:

Energie ___ / 10	Anspannung ___ / 10	Grübelei ___ / 10
Freude ___ / 10	Traurigkeit ___ / 10	Angst ___ / 10
Antrieb ___ / 10	Verzweiflung ___ / 10	Schmerzen ___ / 10

Ich bin stolz auf mich, weil
_____
_____
_____
_____

Das werde ich mir heute Gutes tun:
_____
_____
_____
_____
_____

Ich bin dankbar für:
_____
_____
_____
_____

Welche drei Gefühle herrschen im Moment in mir vor:

1. _____ 2. _____ 3. _____

Warum fühle ich im Moment verstärkt:
Gefühl Nummer 1
_____
_____
_____

Gefühl Nummer 2
_____
_____
_____

Gefühl Nummer 3
_____
_____
_____

Habe ich im Moment ein unlösbares Problem?
_____
_____
_____
_____

Raum für Gedanken und Notizen
_____
_____
_____
_____
_____
_____
_____

Es ist Abend, der Tag neigt sich dem Ende zu....

Wann ging es mir heute besonders gut und warum?
_____
_____
_____

Wann ging es mir heute besonders schlecht und warum?
_____
_____
_____

Darüber habe ich mich heute gefreut:
_____
_____
_____

Darüber habe ich mich heute geärgert:
_____
_____
_____
_____

Das habe ich heute gut und richtig gemacht:
_____
_____
_____

Das ist mir heute nicht so gut gelungen, hier habe ich einen Fehler gemacht oder war ich nicht so erfolgreich:
_____
_____
_____
_____
_____

Wie viel Zeit habe ich heute für mich selbst gehabt und mit was habe ich diese verbracht?
_____
_____
_____

Habe ich im Moment ein scheinbar unlösbares Problem? Und wenn ja, lässt sich dieses durch eine Pro und Kontra Liste (im Anhang zu finden) lösen?
_____
_____
_____

Dafür war ich heute dankbar:
_____
_____
_____

Freue ich mich morgen auf etwas Bestimmtes?　　　ja/nein
Wenn ja, dann auf was? _____
_____
_____

Werde ich morgen etwas anders machen als heute?　　ja/nein
Wenn ja, dann was? _____
_____
_____

Das hat mich heute gedanklich am meisten beschäftigt:
_____
_____
_____
_____
_____
_____

...und diese Gedanken lasse ich jetzt an mir vorbeiziehen, weil ich auch morgen noch darüber nachdenken kann. Ich wünsche mir eine Gute Nacht und freue mich auf den nächsten Tag!

Ein neuer Tag beginnt........

Datum _____ Heute aufgestanden um _____ Uhr
Wochentag _____ Schlafdauer insgesamt _____ h

So habe ich geschlafen: gut oder schlecht, weil ich
_____

So fühle ich mich im Moment:

Energie ___ / 10	Anspannung ___ / 10	Grübelei ___ / 10
Freude ___ / 10	Traurigkeit ___ / 10	Angst ___ / 10
Antrieb ___ / 10	Verzweiflung ___ / 10	Schmerzen ___ / 10

Ich bin stolz auf mich, weil
_____
_____
_____
_____

Das werde ich mir heute Gutes tun:
_____
_____
_____
_____
_____

Ich bin dankbar für:
_____
_____
_____
_____

Welche drei Gefühle herrschen im Moment in mir vor:

1. _____ 2. _____ 3. _____

Warum fühle ich im Moment verstärkt:
Gefühl Nummer 1
_____
_____
_____

Gefühl Nummer 2
_____
_____
_____

Gefühl Nummer 3
_____
_____
_____

Habe ich im Moment ein unlösbares Problem?
_____
_____
_____
_____

Raum für Gedanken und Notizen

_____
_____
_____
_____
_____
_____
_____

Es ist Abend, der Tag neigt sich dem Ende zu....

Wann ging es mir heute besonders gut und warum?
_____
_____
_____

Wann ging es mir heute besonders schlecht und warum?
_____
_____
_____

Darüber habe ich mich heute gefreut:
_____
_____
_____

Darüber habe ich mich heute geärgert:
_____
_____
_____
_____

Das habe ich heute gut und richtig gemacht:
_____
_____
_____

Das ist mir heute nicht so gut gelungen, hier habe ich einen Fehler gemacht oder war ich nicht so erfolgreich:
_____
_____
_____
_____

Wie viel Zeit habe ich heute für mich selbst gehabt und mit was habe ich diese verbracht?
_____
_____
_____

Habe ich im Moment ein scheinbar unlösbares Problem? Und wenn ja, lässt sich dieses durch eine Pro und Kontra Liste (im Anhang zu finden) lösen?
_____
_____
_____

Dafür war ich heute dankbar:
_____
_____
_____

Freue ich mich morgen auf etwas Bestimmtes?   ja/nein
Wenn ja, dann auf was? _____
_____
_____

Werde ich morgen etwas anders machen als heute?   ja/nein
Wenn ja, dann was? _____
_____

Das hat mich heute gedanklich am meisten beschäftigt:
_____
_____
_____
_____
_____

...und diese Gedanken lasse ich jetzt an mir vorbeiziehen, weil ich auch morgen noch darüber nachdenken kann. Ich wünsche mir eine Gute Nacht und freue mich auf den nächsten Tag!

Ein neuer Tag beginnt........

Datum _____   Heute aufgestanden um _____Uhr
Wochentag _____   Schlafdauer insgesamt _____h

So habe ich geschlafen: gut oder   schlecht, weil ich
_____

So fühle ich mich im Moment:

Energie ___ / 10   Anspannung   ___ / 10   Grübelei   ___/ 10
Freude ___ / 10   Traurigkeit ___ / 10   Angst   ___/ 10
Antrieb ___ / 10   Verzweiflung ___ / 10   Schmerzen ___/ 10

Ich bin stolz auf mich, weil
_____
_____
_____
_____

Das werde ich mir heute Gutes tun:
_____
_____
_____
_____
_____

Ich bin dankbar für:
_____
_____
_____
_____

Welche drei Gefühle herrschen im Moment in mir vor:

1. _____ 2. _____ 3. _____

Warum fühle ich im Moment verstärkt:
Gefühl Nummer 1
_____
_____
_____

Gefühl Nummer 2
_____
_____
_____

Gefühl Nummer 3
_____
_____
_____

Habe ich im Moment ein unlösbares Problem?
_____
_____
_____
_____

Raum für Gedanken und Notizen
_____
_____
_____
_____
_____
_____
_____

Es ist Abend, der Tag neigt sich dem Ende zu....

Wann ging es mir heute besonders gut und warum?
_____
_____
_____

Wann ging es mir heute besonders schlecht und warum?
_____
_____
_____

Darüber habe ich mich heute gefreut:
_____
_____
_____

Darüber habe ich mich heute geärgert:
_____
_____
_____
_____

Das habe ich heute gut und richtig gemacht:
_____
_____
_____

Das ist mir heute nicht so gut gelungen, hier habe ich einen Fehler gemacht oder war ich nicht so erfolgreich:
_____
_____
_____
_____

Wie viel Zeit habe ich heute für mich selbst gehabt und mit was habe ich diese verbracht?
_____
_____
_____

Habe ich im Moment ein scheinbar unlösbares Problem? Und wenn ja, lässt sich dieses durch eine Pro und Kontra Liste (im Anhang zu finden) lösen?
_____
_____
_____

Dafür war ich heute dankbar:
_____
_____
_____

Freue ich mich morgen auf etwas Bestimmtes?   ja/nein
Wenn ja, dann auf was? _____
_____
_____

Werde ich morgen etwas anders machen als heute?   ja/nein
Wenn ja, dann was? _____
_____
_____

Das hat mich heute gedanklich am meisten beschäftigt:
_____
_____
_____
_____
_____
_____

...und diese Gedanken lasse ich jetzt an mir vorbeiziehen, weil ich auch morgen noch darüber nachdenken kann. Ich wünsche mir eine Gute Nacht und freue mich auf den nächsten Tag!

Ein neuer Tag beginnt........

Datum _____   Heute aufgestanden um _____ Uhr
Wochentag _____   Schlafdauer insgesamt _____ h

So habe ich geschlafen: gut oder   schlecht, weil ich
_____

So fühle ich mich im Moment:

Energie ___ / 10   Anspannung ___ / 10   Grübelei ___ / 10
Freude ___ / 10   Traurigkeit ___ / 10   Angst ___ / 10
Antrieb ___ / 10   Verzweiflung ___ / 10   Schmerzen ___ / 10

Ich bin stolz auf mich, weil
_____
_____
_____
_____

Das werde ich mir heute Gutes tun:
_____
_____
_____
_____
_____

Ich bin dankbar für:
_____
_____
_____
_____

Welche drei Gefühle herrschen im Moment in mir vor:

1. _____ 2. _____ 3. _____

Warum fühle ich im Moment verstärkt:
Gefühl Nummer 1
_____
_____
_____

Gefühl Nummer 2
_____
_____
_____

Gefühl Nummer 3
_____
_____
_____

Habe ich im Moment ein unlösbares Problem?
_____
_____
_____
_____

Raum für Gedanken und Notizen
_____
_____
_____
_____
_____
_____
_____

Es ist Abend, der Tag neigt sich dem Ende zu....

Wann ging es mir heute besonders gut und warum?
_____
_____
_____

Wann ging es mir heute besonders schlecht und warum?
_____
_____
_____

Darüber habe ich mich heute gefreut:
_____
_____
_____

Darüber habe ich mich heute geärgert:
_____
_____
_____
_____

Das habe ich heute gut und richtig gemacht:
_____
_____
_____

Das ist mir heute nicht so gut gelungen, hier habe ich einen Fehler gemacht oder war ich nicht so erfolgreich:
_____
_____
_____
_____

Wie viel Zeit habe ich heute für mich selbst gehabt und mit was habe ich diese verbracht?
_____
_____
_____

Habe ich im Moment ein scheinbar unlösbares Problem? Und wenn ja, lässt sich dieses durch eine Pro und Kontra Liste (im Anhang zu finden) lösen?
_____
_____
_____

Dafür war ich heute dankbar:
_____
_____
_____

Freue ich mich morgen auf etwas Bestimmtes?   ja/nein
Wenn ja, dann auf was? _____
_____
_____

Werde ich morgen etwas anders machen als heute?   ja/nein
Wenn ja, dann was? _____
_____
_____

Das hat mich heute gedanklich am meisten beschäftigt:
_____
_____
_____
_____
_____

...und diese Gedanken lasse ich jetzt an mir vorbeiziehen, weil ich auch morgen noch darüber nachdenken kann. Ich wünsche mir eine Gute Nacht und freue mich auf den nächsten Tag!

Ein neuer Tag beginnt........

Datum _____   Heute aufgestanden um _____ Uhr
Wochentag _____   Schlafdauer insgesamt _____ h

So habe ich geschlafen: gut oder   schlecht, weil ich
_____

So fühle ich mich im Moment:

Energie ___ / 10	Anspannung ___ / 10	Grübelei ___ / 10
Freude ___ / 10	Traurigkeit ___ / 10	Angst ___ / 10
Antrieb ___ / 10	Verzweiflung ___ / 10	Schmerzen ___ / 10

Ich bin stolz auf mich, weil

_____
_____
_____
_____

Das werde ich mir heute Gutes tun:

_____
_____
_____
_____
_____

Ich bin dankbar für:

_____
_____
_____
_____

Welche drei Gefühle herrschen im Moment in mir vor:

1. _____ 2. _____ 3. _____

Warum fühle ich im Moment verstärkt:
Gefühl Nummer 1
_____
_____
_____

Gefühl Nummer 2
_____
_____
_____

Gefühl Nummer 3
_____
_____
_____

Habe ich im Moment ein unlösbares Problem?
_____
_____
_____
_____

Raum für Gedanken und Notizen
_____
_____
_____
_____
_____
_____
_____

Es ist Abend, der Tag neigt sich dem Ende zu....

Wann ging es mir heute besonders gut und warum?
_____
_____
_____

Wann ging es mir heute besonders schlecht und warum?
_____
_____
_____

Darüber habe ich mich heute gefreut:
_____
_____
_____

Darüber habe ich mich heute geärgert:
_____
_____
_____
_____

Das habe ich heute gut und richtig gemacht:
_____
_____
_____

Das ist mir heute nicht so gut gelungen, hier habe ich einen Fehler gemacht oder war ich nicht so erfolgreich:
_____
_____
_____
_____

Wie viel Zeit habe ich heute für mich selbst gehabt und mit was habe ich diese verbracht?
_____
_____
_____

Habe ich im Moment ein scheinbar unlösbares Problem? Und wenn ja, lässt sich dieses durch eine Pro und Kontra Liste (im Anhang zu finden) lösen?
_____
_____
_____

Dafür war ich heute dankbar:
_____
_____
_____

Freue ich mich morgen auf etwas Bestimmtes?   ja/nein
Wenn ja, dann auf was? _____
_____
_____

Werde ich morgen etwas anders machen als heute?   ja/nein
Wenn ja, dann was? _____
_____
_____

Das hat mich heute gedanklich am meisten beschäftigt:
_____
_____
_____
_____
_____
_____

...und diese Gedanken lasse ich jetzt an mir vorbeiziehen, weil ich auch morgen noch darüber nachdenken kann. Ich wünsche mir eine Gute Nacht und freue mich auf den nächsten Tag!

Ein neuer Tag beginnt........

Datum _____ Heute aufgestanden um _____Uhr
Wochentag _____ Schlafdauer insgesamt _____h

So habe ich geschlafen: gut oder   schlecht, weil ich
_____

So fühle ich mich im Moment:

Energie ___ / 10	Anspannung ___ / 10	Grübelei ___ / 10
Freude ___ / 10	Traurigkeit ___ / 10	Angst ___ / 10
Antrieb ___ / 10	Verzweiflung ___ / 10	Schmerzen ___ / 10

Ich bin stolz auf mich, weil
_____
_____
_____
_____

Das werde ich mir heute Gutes tun:
_____
_____
_____
_____
_____

Ich bin dankbar für:
_____
_____
_____
_____

Welche drei Gefühle herrschen im Moment in mir vor:

1. _____ 2. _____ 3. _____

Warum fühle ich im Moment verstärkt:
Gefühl Nummer 1
_____
_____
_____

Gefühl Nummer 2
_____
_____
_____

Gefühl Nummer 3
_____
_____
_____

Habe ich im Moment ein unlösbares Problem?
_____
_____
_____
_____

Raum für Gedanken und Notizen
_____
_____
_____
_____
_____
_____
_____

Es ist Abend, der Tag neigt sich dem Ende zu....

Wann ging es mir heute besonders gut und warum?
_____
_____
_____

Wann ging es mir heute besonders schlecht und warum?
_____
_____
_____

Darüber habe ich mich heute gefreut:
_____
_____
_____

Darüber habe ich mich heute geärgert:
_____
_____
_____
_____

Das habe ich heute gut und richtig gemacht:
_____
_____
_____

Das ist mir heute nicht so gut gelungen, hier habe ich einen Fehler gemacht oder war ich nicht so erfolgreich:
_____
_____
_____
_____
_____

Wie viel Zeit habe ich heute für mich selbst gehabt und mit was habe ich diese verbracht?
_____
_____
_____

Habe ich im Moment ein scheinbar unlösbares Problem? Und wenn ja, lässt sich dieses durch eine Pro und Kontra Liste (im Anhang zu finden) lösen?
_____
_____
_____

Dafür war ich heute dankbar:
_____
_____
_____

Freue ich mich morgen auf etwas Bestimmtes?   ja/nein
Wenn ja, dann auf was? _____
_____
_____

Werde ich morgen etwas anders machen als heute?   ja/nein
Wenn ja, dann was? _____
_____
_____

Das hat mich heute gedanklich am meisten beschäftigt:
_____
_____
_____
_____
_____
_____

...und diese Gedanken lasse ich jetzt an mir vorbeiziehen, weil ich auch morgen noch darüber nachdenken kann. Ich wünsche mir eine Gute Nacht und freue mich auf den nächsten Tag!

Ein neuer Tag beginnt........

Datum _____   Heute aufgestanden um _____ Uhr
Wochentag _____   Schlafdauer insgesamt _____ h

So habe ich geschlafen: gut oder   schlecht, weil ich
_____

So fühle ich mich im Moment:

Energie ___ / 10   Anspannung   ___ / 10   Grübelei   ___ / 10
Freude ___ / 10   Traurigkeit ___ / 10   Angst   ___ / 10
Antrieb ___ / 10   Verzweiflung ___ / 10   Schmerzen ___ / 10

Ich bin stolz auf mich, weil

_____
_____
_____
_____

Das werde ich mir heute Gutes tun:

_____
_____
_____
_____
_____

Ich bin dankbar für:

_____
_____
_____
_____

Welche drei Gefühle herrschen im Moment in mir vor:

1. _____ 2. _____ 3. _____

Warum fühle ich im Moment verstärkt:

Gefühl Nummer 1

_____
_____
_____

Gefühl Nummer 2

_____
_____
_____

Gefühl Nummer 3

_____
_____
_____

Habe ich im Moment ein unlösbares Problem?

_____
_____
_____
_____

Raum für Gedanken und Notizen

_____
_____
_____
_____
_____
_____
_____

Es ist Abend, der Tag neigt sich dem Ende zu....

Wann ging es mir heute besonders gut und warum?
_____
_____
_____

Wann ging es mir heute besonders schlecht und warum?
_____
_____
_____

Darüber habe ich mich heute gefreut:
_____
_____
_____

Darüber habe ich mich heute geärgert:
_____
_____
_____
_____

Das habe ich heute gut und richtig gemacht:
_____
_____
_____

Das ist mir heute nicht so gut gelungen, hier habe ich einen Fehler gemacht oder war ich nicht so erfolgreich:
_____
_____
_____
_____

Wie viel Zeit habe ich heute für mich selbst gehabt und mit was habe ich diese verbracht?
_____
_____
_____

Habe ich im Moment ein scheinbar unlösbares Problem? Und wenn ja, lässt sich dieses durch eine Pro und Kontra Liste (im Anhang zu finden) lösen?
_____
_____
_____

Dafür war ich heute dankbar:
_____
_____
_____

Freue ich mich morgen auf etwas Bestimmtes?   ja/nein
Wenn ja, dann auf was? _____
_____
_____

Werde ich morgen etwas anders machen als heute?   ja/nein
Wenn ja, dann was? _____
_____
_____

Das hat mich heute gedanklich am meisten beschäftigt:
_____
_____
_____
_____
_____
_____

...und diese Gedanken lasse ich jetzt an mir vorbeiziehen, weil ich auch morgen noch darüber nachdenken kann. Ich wünsche mir eine Gute Nacht und freue mich auf den nächsten Tag!

Printed in Poland
by Amazon Fulfillment
Poland Sp. z o.o., Wrocław